客室乗務員になるには

なるにはBOOKS 2

京極祥江 著

ぺりかん社

はじめに

長かったコロナ禍《か》を経て、航空業界に活気が戻《もど》ってきました。２０２３年以降、日本でも航空各社が活発に採用活動を実施《じっし》しています。客室乗務員（ＣＡ）を例にとると、２０２３年度上半期だけで２０００名ほどの募集《ぼしゅう》発表が行われました。航空業界、そしてＣＡを志望する人にとって、チャンス到来《とうらい》です。

航空業界の職種のなかで、おそらくもっとも人気が高いのがＣＡです。受験倍率が30倍、40倍ということもめずらしくありません。また「背が高くて容姿端麗《たんれい》、英語堪能《たんのう》な人でなければＣＡになれない」というイメージが流布していることもあって、「興味はあるけれど、私には無理」と思っている人もいるかもしれません。

けれども、最初からあきらめる必要はまったくありません。身長が低めでも、有名大学を出ていなくても、ＣＡに合格した先輩《せんぱい》たちはたくさんいます。最近では男性ＣＡも誕生《たんじょう》していますし、国内エアラインでは、「国籍《こくせき》不問」としている会社も多数あります。接客が好きで笑顔《えがお》がすてき、そして前向きな性格の人なら、誰《だれ》にでもチャンスはあるのです。

ＣＡは、保安要員、そしてサービス要員として働く大変やりがいのある仕事です。「おもてなし」の心で機内サービスを提供し、万が一の時には乗客の安全を守り機内の保安に努めます。フライトで日本《にほん》国内、そして世界の都市を訪れて見聞を広めることもできますし、プライベートでも自社および提携《ていけい》航空会社を、無料もしくは非常に安い運賃で利用できるのも魅力《みりょく》。キャリアパスや職場環境《かんきょう》も整っており、本人の希望次第で定年まで勤務できます。管理職への昇進《しょうしん》も可能です。結婚《けっこん》、子育て、介護《かいご》などさまざまなライフイベントを経験しながら、ＣＡとして長く働いている人も大勢います。ほかの業界に転職しても、またＣＡとして舞《ま》い戻《もど》ってくる人もおり、「飛び職（ＣＡ）は、一度やったらやめられない」という人もいるほどです。

もちろん、仕事ですから楽しいことばかりではありません。入社後は厳しい訓練が待っていますし、顧客《こきゃく》を相手にサービスをする「感情労働」にカテゴライズされる職業ですので、時には理不尽《りふじん》な目に遭《あ》うこともあるでしょう。やさしいだけでなく芯《しん》の強さが問われますが、「ＣＡになりたい」という強い意志をもっている人なら、つらいことも先輩《せんぱい》や仲間の力を借りてきっと乗り越《こ》えることができるはずです。

この本では、ＣＡの仕事内容、どうすればなれるのか、そしてどんな人が働いているのか、などをご紹介《しょうかい》していきます。ひとりでも多くの人にとって「ＣＡになる」という夢《ゆめ》をかなえる一助になれば幸いです。

京極祥江

客室乗務員になるには　目次

はじめに …… 3

［1章］

ドキュメント 空での良質なサービスを追求する

ドキュメント1 チーフパーサーとして働くANAの客室乗務員 …… 10
石井野乃花さん・ANA

ドキュメント2 フルサービスキャリア、JALで働く客室乗務員 …… 20
土井あゆみさん・JAL

ドキュメント3 外資系エアラインで働く客室乗務員 …… 30
安沢希望さん・エティハド航空

［2章］

客室乗務員の世界

客室乗務員の誕生から現在まで …… 42
世界初のCAは男性。1930年代に女性CAが誕生／日本では戦前の1931年にエア・ガールが誕生／大量輸送が始まった70年代。客室乗務員は通年採用／90年代は規制緩和が進み、独立系エアラインが誕生／リーマンショックとJALの経営破綻。客室乗務員採用も中止に／LCCが台頭した2010年代、航空会社の再編も進む

現在の航空業界事情 …… 49
国内エアライン――客室乗務員を採用する国内エアラインは21社／外資系エアライン――日本には80社以上の外資系エアラインが乗り入れる

客室乗務員の仕事 …… 55
客室乗務員の仕事は大きく分けて四つ／⑴もっとも重要な役割、乗客の命を守る保安要員／⑵重要性が高まっているサービス要員としての役割／⑶「会社の顔」としてメディアに登場、PR要員としても／⑷セールス要員、マーケティング要員

客室乗務員のあるフライトの流れを紹介 …… 61
国内線と国際線とで大きく異なる一日の流れ／羽田／ロンドン線に乗務する場合のJAL客室乗務員の一日／国内線に乗務するANAの客室乗務員の一日

ミニドキュメント 1　LCCの客室乗務員 …… 70
合田知世さん・Peach Aviation

ミニドキュメント 2　独立系エアラインの男性客室乗務員 …… 76
山口諒也さん・AIRDO

協力して働く人たち …… 82
チームワークで飛行機を飛ばす／パイロット／グランドスタッフ／グランドハンドリングスタッフ／運航管理者(ディスパッチャー)／航空整備士／航空管制官／保安検査員／空港で働く公務員／航空会社の総合職

生活と収入 …… 92
国内各地にベースがあり、海外に住む客室乗務員も／フライトスケジュールで生活が決まる／自宅や空港で待機。スタンバイ／国内エアラインは正社員採用／初任給は月収20万〜30万円、年収300万〜400万円／長く働くための制度が整っている

将来性 …… 100
コロナ禍でも雇用を守った国内エアライン／飛行機の便数が増えれば客室乗務員も増える／新しいエアラインの誕生で客室乗務員採用が活発に／中東系エアラインでは日本人の採用を再開／女性が多い客室乗務員、自然減も毎年ある／2023年には各社が給与をベースアップ

[3章] なるにはコース

適性と心構え …… 108
矯正視力1・0以上は必須、身長が高めの人が多い／面接が最重要ポイント。「人となり」が重視される／身だしなみと笑顔／コミュニケーション能力／自己管理能力／英語力

客室乗務員への道のり …… 114
客室乗務員を採用するのは航空会社／国内エアライン／外資系エアライン／新卒採用と既卒採用／採用試験は書類選考と2〜3度の面接と健康診断

教育訓練について …… 121
約2カ月におよぶ新人訓練／国内線新人養成訓練／国際線移行訓練／ビジネスクラス・ファーストクラス訓練／定期救難訓練

就職の実際 …… 128
現在は採用が再開／国内エアラインではほぼコロナ禍以前の水準に／外資系エアラインでも採用が再開されている／募集はウェブサイトで検索

【なるにはフローチャート】客室乗務員 …… 135
なるにはブックガイド …… 136
職業MAP！ …… 138

※2023年11月現在、トキエアは就航していないので、本書ではふれておりません。

※本書に登場する方々の所属などは、取材時のものです。
[装幀]図工室　[カバーイラスト]大野彰子　[本文イラスト]熊アート　[本文写真]京極祥江

「なるにはBOOKS」を手に取ってくれたあなたへ

「働く」って、どういうことでしょうか?
「毎日、会社に行くこと」「お金を稼《かせ》ぐこと」「生活のために我慢《がまん》すること」。
どれも正解です。でも、それだけでしょうか?「なるにはBOOKS」は、みなさんに「働く」ことの魅力《みりょく》を伝えるために1971年から刊行している職業紹介《しょうかい》ガイドブックです。
各巻は3章で構成されています。

[1章] ドキュメント 今、この職業に就いている先輩《せんぱい》が登場して、仕事にかける熱意や誇《ほこ》り、苦労したこと、楽しかったこと、自分の成長につながったエピソードなどを本音で語ります。

[2章] 仕事の世界 職業の成り立ちや社会での役割、必要な資格や技術、将来性などを紹介《しょうかい》します。

[3章] なるにはコース なり方を具体的に解説します。適性や心構え、資格の取り方、進学先などを参考に、これからの自分の進路と照らし合わせてみてください。

この本を読み終わった時、あなたのこの職業へのイメージが変わっているかもしれません。「やる気が湧《わ》いてきた」「自分には無理そうだ」「ほかの仕事についても調べてみよう」。
どの道を選ぶのも、あなたしだいです。「なるにはBOOKS」が、あなたの将来を照らす水先案内になることを祈っています。

1章

ドキュメント

空での良質なサービスを追求する

ドキュメント 1 チーフパーサーとして働くANAの客室乗務員

高い評価を受けるANAでチーフパーサーとして尽力

ANA 客室《きゃくしつ》センター 石《いし》井《い》野《の》乃《の》花《か》さん

石井さんの歩んだ道のり

大阪《おおさか》府《ふ》出身。大阪花博の年に生まれたため、「野乃花」と名付けられた。小学生の時に見たテレビドラマがきっかけで、世界を飛び回って仕事をする客室乗務員にあこがれるようになる。5スターエアラインとして高い評価を受けているANAで接客力をみがきたいと思い入社。入社3年目でチーフパーサー資格を取得し、国内線・国際線ともに乗務している。

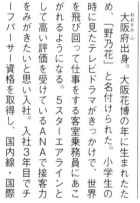

社員の力で成長したANA

日本《にほん》を代表する航空会社のひとつであるANAは、民間企業《きぎょう》として設立された。当初は「日本《にっぽん》ヘリコプター輸送《ゆそう》」という名前で、たった2機のヘリコプターしか所有していなかった。

国内航空会社の過当競争を避《さ》けるため、「JALは国内幹線および国際線、ANAは国内幹線およびローカル線、東亜国内航空《とうあこくない》(当時)はローカル線を運航」と国が取り決め、長らく国内線のみだったが国際線に進出。

その後、日本の航空会社としてはじめて、航空連合「スターアライアンス」に加盟《かめい》し、英国《えいこく》スカイトラックス社より、特に優れた航空会社に与《あた》えられる「5スターエアライン」に10年連続で選ばれている。スタッフが力を合わせることで大きく成長していった「サクセスストーリー」を体現するエアラインだ。

入社3年でチーフパーサーに

ANAは風通しのよい社風であるといわれており、若手社員の声を吸い上げる企業風土《きぎょう》がある。客室乗務員の昇進《しょうしん》も、ほかの大手エアラインに比べると早い。

石井野乃花さんは、入社3年でチーフパーサーの資格を取得。国内線からチーフパーサーとしての経験を積み、現在は国際線でもチーフパーサーとして乗務している。

チーフパーサーとは、客室全体を統括《とうかつ》する責任者のこと。機内サービスの流れを組み立て、いっしょに働く客室乗務員たちが最高のパフォーマンスを発揮できるよう目配り、気配りをする。また、後輩《こうはい》の客室乗務員を指導し、育成するのもチーフパーサーの仕事だ。

「客室乗務員の役割には保安要員（Safety）とサービス要員（ＣＳ）の二つがありますが、保安要員としては感情や独自の判断で動くことはありません。定められた規定に則り、不安全な事象が発生しないよう、常にリスクを先読みしながら乗務をしています」

一方、サービス要員としては、ＡＮＡではお客さまの期待を超《こ》えたサービスを提供できるよう、マニュアルにとどまらず各客室乗務員がみずから考えて行動できるそうだ。

「チーフパーサーとして乗務する場合、どういうフライトにしたいかを乗務前のブリーフィング*でほかの客室乗務員に提案するのですが、私の場合は『家族に接するようなやさしい気持ちでお客さまをおもてなししましょう』と言うことが多いですね。フライトタイムが短い国内線でも、ただドリンクを提供して終わりではなく、お客さまのようすをよく観察して、ご要望を先取りするようなサービスをめざしています」

航空会社に限らず一般《いっぱん》企業《きぎょう》でも、責任者は入社年次がある程度上で、経験豊富な人が務めることが多い。石井さんが国内線のチーフパーサー資格を取った入社3年目というのは、一般的《いっぱんてき》にはまだまだ「ひよっこ」と見られてもおかしくない年だろう。チーフパーサーとなれば、何十年も乗務しているベテランの客室乗務員をも統括《とうかつ》せねばならない。年齢《ねんれい》も経験も自分より上の人を指導する立場に立つのは難しくないのだろうか。

「難しさを感じたことはありません。チーフパーサー資格を取得するためには審査《しんさ》に合格しなければならず、資格をもっているという

＊**ブリーフィング**　打ち合わせのこと。

班フライトの際、メンバーと記念撮影　取材先提供

ことは一連の業務を習得しマネジメント力を有しているとみなされます。私はチーフパーサー資格を取ったことで、自信をもって仕事ができるようになったと感じています」

チーフパーサー資格をもっているからといって、すべてのフライトでチーフパーサーを務めるとも限らない。石井さんも時にはほかのチーフパーサーのもとでいち客室乗務員として働くこともある。ほかのチーフパーサーのサービスの組み立て方やマネジメントにふれて、そういうやり方もあるのか、と参考になることも多いという。

「チーフパーサーになってからもうひとつ大きく変わったのは、責任感です。万が一機内でイレギュラーがあった場合には、チーフパーサーが対応策を考え、いち早く手を打たなければなりません。どんな時も『今、もし何かあったら』を考えながら仕事をするようになりました」

国内線、国際線とも乗務

石井さんは、国内線・国際線問わず、ANAが保有する路線すべてに乗務している。国内線・国際線ともに、空飛ぶ機内では何かが足りないからといって「じゃ、隣《となり》の部署から借りてこよう」「そこのお店で買ってこよう」というわけにはいかない。地上とは異なる限られた環境《かんきょう》の中で、いっしょに乗務している客室乗務員とチームワークよく働き、工夫したことが乗客に喜んでもらえるとうれしいという。

「私が乗務した便で、シカゴからご両親と搭《とう》乗《じょう》された10代の女の子がぐったりしたごようすで、体調が悪いのではないかと気になっていました。お父さまにうかがったところ、『旅行疲《づか》れが出たようで、食欲もないというんです』とのこと。熱を測ると、38℃を超《こ》えていました」

石井さんが異変に気づいたのはシカゴを離《り》陸《りく》して間もない時。日本に到着《とうちゃく》するまでには10時間以上あった。地上とは気圧も湿度《しつど》も違《ちが》う機内で、どうすれば少しでも女の子の体調がよくなるかを石井さんは考えた。

「ほかの客室乗務員とも相談し、みんなで知《ち》恵《え》を出し合いました。機内の物品には限りがありますが、少しでも召《め》し上がれそうなものをご提案したり、体を冷やすものをお持ちしたりしたところ、到着《とうちゃく》の2時間前には平熱まで下がり、お食事も通常通り召《め》し上がれるまで回復したんです」

親子からは「石井さんに担当してもらえて

よかった。ここまで回復したのは、石井さんや客室乗務員のみなさんが親身になって看病してくださったおかげです。これからはANAしか利用しません」と感謝の言葉をもらった。

「客室乗務員のみんながチームとして考えたことが、お客さまの役に立って本当にうれしかったです」

逆に、仕事でつらいと思うのは睡眠《すいみん》時間をコントロールしなければならないこと。

「早朝・深夜とショウアップの時間（出社時間）が日によって違《ちが》うので、そこから逆算して何時に起きればいいのかを考える必要があります。私は眠《ねむ》りが深く起きるのに苦労するタイプなので、目覚まし時計を手の届かない遠い場所に置き、さらに止めた後に二度寝《ね》をしてしまった時に備えて、携帯《けいたい》電話のアラームもセットしています」

コロナ禍《か》後に乗務に復帰した時は、あらためて接客する楽しさを感じたという。

「日本全国、そして世界各地に行き、現地の風景や文化にふれることができる客室乗務員の仕事が本当に好きだと、あらためて思いま

機内で仲良しの同期と。1代前の制服　取材先提供

した」

コロナ禍《か》では韓国《かんこく》ドラマにはまり、韓国語の勉強を独学で開始。ハングル能力検定3級も取得した。

「社内資格を取得すると、その言語が話せることを示すバッジを制服につけることができます。今は韓国語のバッジを取得することをめざしています」

乗客の期待値が高いANA

石井さんが客室乗務員をめざすようになったのは、小学4年生の時。テレビドラマを見てはじめてこの仕事を知り、世界を飛び回れる客室乗務員になりたいと思った。

「学生時代にはデパートやファストフード店で接客アルバイトを経験しました。アルバイトでは接客に力を入れている店舗《てんぽ》に配属になり、同僚《どうりょう》や店長と『よいサービスとは何か』を考え語り合いました。さまざまな人に出会い、お客さまの期待値を超《こ》えるサービスができた時、笑顔《えがお》を見せてくださるのがうれしくて。接客業を極めたい、子どもの頃《ころ》にあこがれた客室乗務員になろうと決意しました」

ニューヨークステイの際、ミッドタウンで　取材先提供

ANAを選んだのは、フルサービスキャリア*でよりよいサービスを提供したいと思ったから。

「フルサービスキャリアであり、5スターエアラインとして認定されているANAをご利用になるお客さまは、サービスに高い期待値をもっている方が多いと思います。数千人いる先輩《せんぱい》の客室乗務員から期待値を超《こ》えるサービスを学び実践《じっせん》したいと考えて、ANAを志望しました。また私が受験した当時、ANAは国際線の就航地を拡大しており、より多様なお客さまに出会えるのではないかと思ったことも志望理由のひとつです」

客室乗務員として乗務していても、ANAへの期待値の高さをひしひしと感じるという。

「もちろん『さすがANAさん』と言われることも多いのですが、サービスについてご提言をいただいたり、前回搭乗《とうじょう》した時に残念な対応をされたので改善してほしい、とご要望をいただいたりすることもあります。そんな時はほかの客室乗務員とも情報を共有し、どうすればお客さまがご満足されるのかを考えて会社にもフィードバックし、つぎに活かすようにしています」

ただし安全に関するルールに乗客が従わない場合、毅然《きぜん》と対応しなければならないこともある。客室乗務員はやさしさだけでなく、強さも兼《か》ね備えなければならないのだ。

成長し続けられる職業

ANAに入社してちょうど10年が過ぎた石井さんが、客室乗務員に必要だと考えるのは「さまざまなことに興味をもち、追求する好《こう》奇心《きしん》」。

＊フルサービスキャリア　ファーストクラス、ビジネスクラスなど複数の座席クラスがあり、ドリンクや機内食を基本的には無料で提供する航空会社のこと。

「乗務中にお客さまと会話をすると、さまざまな質問をいただきます。そのなかには機窓から見える山や島の名前、富士山が何時にどの方向に見えるか、現地でおすすめのレストランやお土産《みやげ》など、マニュアルには答えが載《の》っていないものも多々あります。そんな時、スマートにお答えできると会話がいっそう弾《はず》むので、客室乗務員は常にいろいろなところにアンテナを張って、情報を得るようにしている人が多いと思います」

石井さん自身、ちょっとしたことから会話を広げていくのが得意だと語る。

「お客さまに限らず、同僚《どうりょう》のちょっとした言動やバッグにつけているキーホルダーなどをきっかけに会話を弾《はず》ませるようにしています。乗務の前にあらかじめコミュニケーションを取っておくと、機内でサービスする際にもチームワークがよくなると感じています」

客室乗務員には、コミュニケーション能力が必要だとよくいわれる。石井さんのように小さなカンバセーションピース（会話のきっかけとなるもの）から楽しく会話を発展させることができる能力も、コミュニケーション

羽田空港の出発ロビー。お客さまのフライトのスタートだ

ANAの客室センター。CAはここからフライトに旅立つ

能力のひとつなのだ。

「客室乗務員は、人生の経験すべてが生きる仕事だと思います。また先輩《せんぱい》やお客さまだけでなく、後輩《こうはい》がもつ新しい視点から学ぶこともたくさんあります。自分自身で限界を決めてしまわなければ、いつまでも学び続けられる仕事だと思いますので、客室乗務員をめざしているみなさんもぜひいっしょに成長し、わくわくするＡＮＡをつくっていきましょう」

ＡＮＡには管理職に昇進《しょうしん》している客室乗務員が大勢いる。客室センター長でＡＮＡ取締《とりしまり》役《やく》執行《しっこう》役員も客室乗務員の出身だ。また出産や介護《かいご》などさまざまなライフイベントを経てもなお、働き続けられるような制度を整えてもいる。客室乗務員として、そしてひとりの人間として「成長し続けたい」と考えている人に最適なエアラインなのだ。

ドキュメント 2

フルサービスキャリア、JALで働く客室乗務員

乗務のほか地上業務でYouTubeにも出演 JALでマルチに活躍

JAL
客室品質企画部《きゃくしつひんしつきかくぶ》
客室乗務員
土井《どい》あゆみさん

土井さんの歩んだ道のり

埼玉《さいたま》県出身。小さい頃《ころ》から旅行が好きで、いろいろな国に行って新しい世界を知りたいと客室乗務員を志望。OG訪問がきっかけで、JALをめざす。TOEIC805点、手話検定4級、世界遺産検定2級、コムラード・オブ・チーズ、マナー・プロトコール検定2級、保育士、日本語教師などさまざまな資格をもつ。クラシックバレエを習っていたため体力には自信がある。

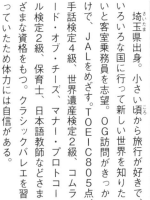

社風に魅《ひ》かれてJALを受験

日本国内には定期旅客便を運航しており、かつ客室乗務員を採用している航空会社はたくさんあるが、日本航空（ＪＡＬ）は、そのなかでもっとも長い歴史のある会社だ。早くから国際定期便を運航し、政府の出資を得て設立された特殊《とくしゅ》法人から、民営化された。その後、航空自由化への動きなどを背景に、国内地方路線へも積極的に参入。日本《にほん》エアシステム（ＪＡＳ）と経営統合《とうごう》し、ＪＡＬグループが誕生《たんじょう》した。国内では最初に客室乗務員を採用し始め、現在は約７０００人の客室乗務員が在籍《ざいせき》している。

　土井あゆみさんは、ＪＡＬで働く客室乗務員だ。入社８年目で、国内線・国際線ともに乗務している。子どもの頃《ころ》から客室乗務員になりたいと思っていたという。

「幼い頃《ころ》から家族で旅行することが多く、新しい場所に行き、新しい世界を知ることが好きでした。客室乗務員なら、いろいろな国に行ってさまざまな文化にふれ、刺激《しげき》の多い毎日を過ごすことで向上心をもち続けることができると思い志望しました」

　数ある航空会社のなかでＪＡＬを選んだのは、就職説明会に参加したり、ＯＧ訪問をしたりしてＪＡＬの雰囲気《ふんいき》が自分に合っていると感じたから。母校の女子大にはＪＡＬのＣＡになった先輩《せんぱい》もたくさんおり、ＯＧ訪問では幅広《はばひろ》い年次の人に話を聞くことができた。

「みなさんとてもやさしく、ていねいに客室乗務員の仕事についてお話ししてくださいましたし、ＪＡＬはいい会社だよとおっしゃっていました。福利厚生が整っており、結婚《けっこん》・

出産などのライフイベントを経ても長く働くことができる会社だということも魅力《みりょく》でした」

ＪＡＬの客室乗務員は、航空業界のなかでももっとも人気がある職種のひとつだ。毎年、多くの応募《おうぼ》者がある。数度にわたる面接を突破《とっぱ》し、合格を勝ち取るためには綿密な受験対策が欠かせない。土井さんは、大学時代に会席料理店やテーマパークで接客のアルバイトをし、そこで喜ばれた接客をノートにまとめておいた。また自分が受けてうれしかったサービスについても、なぜうれしかったのかを考えた。

そのほか、国際線乗務に必須《ひっす》の英語力をつけるため、洋画を視聴《しちょう》。ＪＡＬでは客室乗務員の応募《おうぼ》資格に「ＴＯＥＩＣ６００点以上の英語力」という項目《こうもく》があるが、それをはるかに超《こ》えるＴＯＥＩＣ８０５点を取得している。

数々の受験対策が功を奏し、みごと合格。

「内定を知らせる電話では、『アクティブでありつつも雰囲気《ふんいき》が柔《やわ》らかく、芯《しん》が強い』というフィードバックをいただきました。日頃《ひごろ》、家族が私に対して言っていることとまったく同じだったので、短時間の面接でそこまで人となりを深くとらえられていたなんて、と感動しました」

国内線から国際線へ移行

ＪＡＬでは客室乗務員として入社後、２カ月におよぶ訓練を受ける。訓練を終えた人はＯＪＴ（On the Job Training）で「研修生」として乗務し、先輩《せんぱい》について実際のフライトで機内サービスを学ぶ。ＯＪＴに合格してはじめて、一人前の客室乗務員として乗務できるようになるのだ。

ＯＪＴ合格後は、まず国内線から乗務を開始。入社後1年ほど経った頃《ころ》から国際線への移行訓練が始まり、国内線、国際線ともに乗務できるようになる。

乗務時の土井さん　取材先提供

「たとえば先月は、国内線、韓国線、ハノイ線、米国《べいこく》のダラス線、バンコク線、ロンドン線に乗務しました。さまざまな国に行きたくて客室乗務員をめざした私にとって、毎月乗務で3～4カ国に行けるのはとても楽しいです。特にお気に入りなのがバンコク線。食事もおいしいですし、街並《まちな》みにすっと溶け込《こ》めるような懐《なつ》かしさを感じます」

さまざまな路線に乗務している土井さんだが、いちばん心に残っているのは、はじめて国際線に乗務した時のことだ。

「行き先はハワイのコナでした。何度もＪＡＬをご利用いただいている外国籍《せき》のご夫婦とお話が弾《はず》み、『実は、今日がはじめての国際線乗務なんです』とお伝えしました。すると『きっとこれからいろいろな経験をするだろう。もちろん楽しいことばかりではないはずだ。

でも、どんな時も仕事を楽しむといい。そうすることで多くのことを学べるし、チャンスがめぐってくるだろう』とおっしゃったのです。そのお言葉を、心に深く刻みました」

客室乗務員は、一日に数百人の乗客と接する。いろいろな人に出会え、さまざまな価値観や考え方にふれることができる刺激的《しげきてき》な仕事ではあるが、時にはクレームなど厳しい声をかけられることもある。

「コナ線で出会ったお客さまがおっしゃったように、仕事は楽しいことばかりではありませんが、つらい経験も自分の引き出しを増やすことにつながると思うようになりました。たとえば、お客さまから厳しいお言葉を頂戴《ちょうだい》したら、もっとよい対応をするにはどうすればよかったかを考えます。また、先輩《せんぱい》から指《し》摘《てき》を受けた時には、さっきはこう指摘《してき》されたから今度は違《ちが》う対応をしてみよう、と自分のサービスを考えなおすきっかけになります」

ＪＡＬの客室乗務員は、新卒で採用された

フランスのモンサンミッシェルにて

取材先提供

人、ほかの仕事を経験して入社した人、他社で客室乗務員として働いた経験がある人などさまざまだ。また子どもを育てながら乗務している人や、香港《ホンコン》やロンドンなど海外基地で採用された外国籍《せき》の客室乗務員もいる。異なるバックグラウンドをもつ人とともに働くことで視野が広がり、さまざまな気遣《きづか》いやサービスを学ぶことができると土井さんは語る。

「客室乗務員は初対面のメンバーと乗務することも多いです。今日はどんな人といっしょかな？　とドキドキするのですが、先輩《せんぱい》は『何か気になること、困ったことはない？』と気にかけてくれますし、私も後輩《こうはい》に対して不安に思っていることはないか聞いて、みんなで助け合いながらサービスをしています」

ＪＡＬにはグループ制度があり、10名ほどの客室乗務員がひとつのグループに属している。毎月一度は必ずグループのメンバーと乗務する「グループフライト」があるため、グループのメンバーとは慣れ親しんでおり、仕事のことのみならずプライベートについても気軽に相談できる雰囲気《ふんいき》があるという。

「仕事の悩《なや》みを先輩《せんぱい》に相談すると、『私もそうだったよ』『誰《だれ》もが通る道だから、そんなにくよくよすることないよ』などはげましてくれます。周りの人のサポートやフォローのおかげで仕事ができていると実感していますし、感謝の気持ちを忘れないようにしています」

そしてもっとも大切にしているのは、「仕事を楽しむ」ことだと土井さんはいう。

「ＪＡＬの客室部では、客室本部長が毎年取り組むべきスローガンを発表します。２０２３年度のスローガンは、『笑顔《えがお》で仕事を楽しむ』というものです。確かに客室乗務員が楽しんで仕事をしているフライトでは、その楽しい雰囲気《ふんいき》がお客さまに伝わるのか、ポジティブなフィードバックをいただくことが多いんです。まず私たちが笑顔《えがお》で仕事を楽しむことが大切だと実感しています」

体力が必要な仕事

客室乗務員の仕事を満喫《まんきつ》している土井さんだが、乗務時間、時差、そして気候など何もかも違《ちが》う路線にフライトするため、健康管理が大変だ。朝5時に出社ということもあれば、午後に出社して深夜便に乗務することもある。起床《きしょう》時間や睡眠《すいみん》時間はフライトによって違《ちが》うことも多く、機内では立っている時間も長いので、想像以上に体力が必要だ。

「上空1万メートルを飛ぶ飛行機の中は地上とは気圧も違《ちが》うので、軽い風邪《かぜ》でも耳が痛くなったりすることもあります。元気でないとお客さまに笑顔《えがお》でサービスできませんので、万全の体調で乗務するようにしています」

土井さんの体調管理法は、胃腸にやさしい食事をとること、ヨガなど運動をすること、そして体を休めること。なかでも「とにかく眠《ねむ》る」ことが大切で、乗務後は12時間通して寝《ね》ることもあるという。「あまりにも長時間寝《ね》ているので、家族が心配して息をしているかどうか見に来たこともありました」と笑う。

地上業務にも挑戦《ちょうせん》

ＪＡＬでは国内線乗務、国際線エコノミークラス、ビジネスクラス、ファーストクラス、というように、客室乗務員が乗務できるクラスは徐々《じょじょ》にステップアップしていく。土井さんは既《すで》にファーストクラスの乗務資格まで取得している。

「2019年にファーストクラスの乗務資格を取得しました。ファーストクラスではゆったりとくつろいでお過ごしになるお客さまが多いので、お邪魔《じゃま》にならないよう音や光に注意するよう先輩《せんぱい》から言われます。私もファーストクラスに乗務するようになってから、所

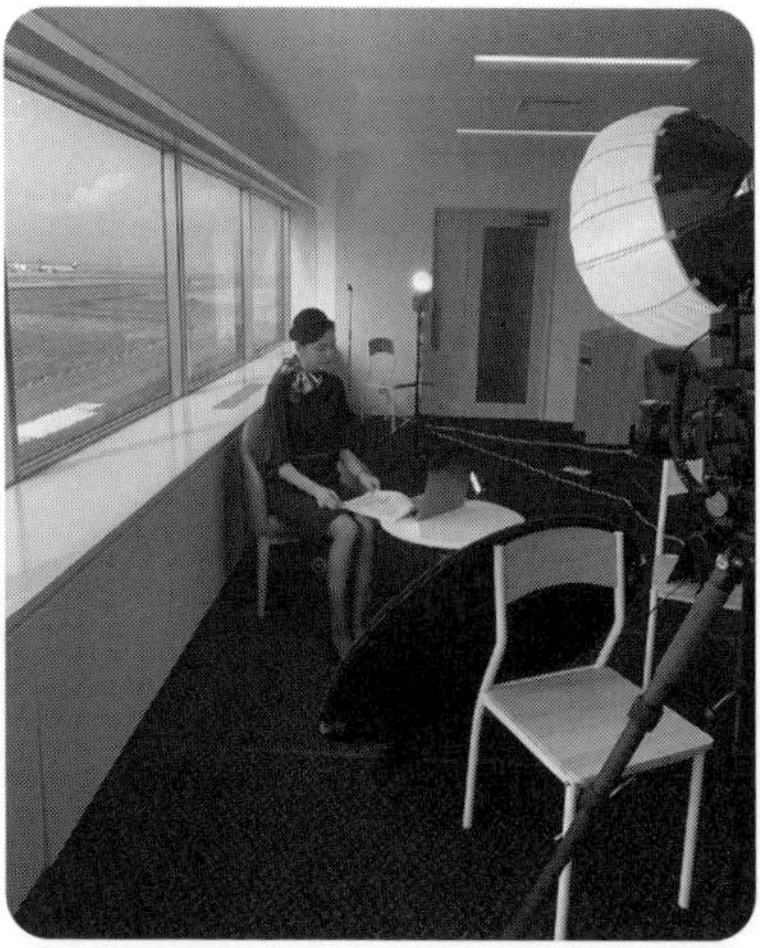

YouTubeの撮影　取材先提供

作の一つひとつをていねいにするようになりましたし、足音を立てずに機内を歩くようになりました」

ビジネスクラスやファーストクラスなど上位クラスは、エコノミークラスに比べて席数に対する客室乗務員の数が多いため、乗客と会話する機会も増える。土井さんはチーズの基礎《きそ》知識を習得していることを示す「コムラード・オブ・チーズ」や、世界遺産検定2級を取得。また、コロナ禍《か》で国際線がほぼ休便になった時期には半年間のリフレッシュ休暇《きゅうか》を取った。この期間中には、日本語教師の資格も取得している。資格取得のために得た知識が、機内での会話にも役立っている。

そして客室乗務員の活躍《かつやく》の舞台《ぶたい》は、機内だけにとどまらない。JALには客室乗務員が地上業務を経験できる制度があり、広報部を

はじめさまざまな部署で客室乗務員が活躍《かつやく》している。土井さんはコロナ禍《か》では一般企業《いっぱんきぎょう》への出向を経験した。また、半年間、客室品質企画《きかく》部で地上業務をしている。客室品質企画《きかく》部では機内の台所であるギャレーでの動きやサービスについて授業を行うブラッシュアップ教育関連業務に従事。一方で、ＪＡＬのYouTubeチャンネル「ＪＡＬ、サブチャンネルはじめました。」には、客室乗務員として出演している。

「YouTubeでは、旅のパッキング術や夏休みの旅プラン、客室乗務員の一日のスケジュールなどさまざまなことを紹介《しょうかい》しています。多くの方がＪＡＬに興味をもっていただけるよう、親しみやすいテーマを選んでいます」

そのほか、マナー講座やイベントに出演する広報活動にも参加。乗務だけではなくマルチなタスクをこなせるのがＪＡＬの客室乗務員なのだ。

どんな経験も糧《かて》になる

さまざまなタスクをこなすＪＡＬの客室乗務員に必要なことは何かを土井さんに聞いた。

「客室乗務員は、お客さまを安全に目的地までお運びするという責任ある仕事です。ただしこれは客室乗務員だけでできることではありません。オフィスにいるセールスや予約担当スタッフ、空港で働くケータリングスタッフ、清掃《せいそう》スタッフや整備士など、地上にいるすべての仲間がそれぞれの役割を最大限に果たし、つぎの仲間にバトンを渡《わた》せるようチームワークを大切に仕事をしているからこそ、実現できることです。ＪＡＬではこれを『最高のバトンタッチ』と呼んでいます」

困ったことなどは上司に相談

客室乗務員は、いわば「バトンタッチ」の最後を務めるアンカー的な存在だ。

「ほかのどの職種よりもお客さまといちばん長くごいっしょできる職種です。つらいこと、悲しいこと、ニュースやＳＮＳ（ソーシャルネットワーキングサービス）で得た知識など、すべてがお客さまとの会話の入り口になります。ＪＡＬのサービスや商品にたずさわる全員がもつべき意識・価値観・考え方であるＪＡＬフィロソフィにもある『地味な努力を積み重ねる』という言葉通り、向上心をもって仕事に臨める環境《かんきょう》にあります。どんな経験も自分の糧《かて》になると信じて、ぜひいろいろなことに挑戦《ちょうせん》してみてください」

乗務、地上業務、出向、そして資格取得。ＪＡＬに入社後、いろいろなことに挑戦《ちょうせん》してきた土井さんの心からのメッセージだ。

ドキュメント 3 外資系エアラインで働く客室乗務員

あこがれの中東系エアラインで ホスピタリティーあふれるサービスを

エティハド航空《こうくう》
安沢《やすざわ》希望《のぞみ》さん

取材先提供（以下すべて同）

安沢さんの歩んだ道のり

東京都《とうきょうと》出身。大学はフィリピンの首都、マニラのCentro Escolar University Manila観光経営学科で学んだ。卒業後、東京にある会員制国際クラブのホールスタッフとして働く。２０１４年に既卒《きそつ》で入社し、アラブ首長国連邦《しゅちょうこくれんぽう》の首都アブダビで生活しながらフライト。チーフパーサーや訓練トレーナーも務めている。ＴＯＥＩＣ９５５点と高い英語力のもち主。

アブダビを拠点《きょてん》に世界へフライト

日本人の客室乗務員（CA）は、国内エアラインだけでなく外資系エアラインでも活躍《かつやく》している。CAの住む場所は「ベース（拠点《きょてん》となる空港）」によって決まるので、外資系エアラインの日本人CAは外国に住んでいることも多い。

中東・アラブ首長国連邦（UAE）の首都、アブダビを拠点に世界67都市に就航するエティハド航空で、CAとして働く安沢希望さんもそのひとり。2014年にエティハド航空に入社すると同時にアブダビに引っ越《こ》し、以来、アブダビを拠点《きょてん》にフライト生活を送っている。

UAEというとドバイにばかり目が行きがちだが、アブダビも高層ビルや大型ショッピングセンターなどを擁《よう》する大都会である。

「はじめてアブダビに到着《とうちゃく》した際には、とてもおしゃれでキラキラ輝いている町だという印象を受けました。実際住んでみると、世界各国から移住してきた人たちのさまざまな文化が集まった場所で、毎日が刺激的《しげきてき》。楽しく生活しています。特に、アブダビのアイコンともいえるSheikh Zayed Grand Mosque《シェイク ザーイド グランド モスク》は、朝は真っ白に塗《ぬ》られた壁《かべ》が朝日に映えて美しく、夜はライトアップされて輝きます。私のいち押《お》しスポットです」

暑い夏には最高気温が40℃を超《こ》えることもあるアブダビでは、いつでも海のレジャーを楽しめる。安沢さんは、オフの日には自分へのご褒美《ほうび》として海岸でくつろいだり、ホテルのプールに行くこともあるという。

オンの日は、エティハド航空が就航してい

る全路線に乗務。外資系エアラインのなかには、日本人CAは日本と本国とを結ぶ路線にしか乗務しない会社もあるが、エティハド航空ではどの国籍《こくせき》のCAも、保有するすべての路線に乗務できる。安沢さんの1カ月のスケジュールを見ても、コロンボ、ニューヨーク、ウィーンと行き先はさまざまだ。

「旅行が大好きな私にとって、世界の都市を回れるCAは理想的な職業です。ステイ先では、いきいきとした各地の息吹《いぶき》を感じながら観光や買い物をしたり、時には有名レストランに足を運んで、現地の食を堪能《たんのう》したりしています。夢《ゆめ》のような生活を送れていると思います」

エティハド航空は給与《きゅうよ》が免税のため、全額が手取り収入となる。また住居は会社が用意してくれ、家賃や光熱費は無料。会社が運行するシャトルバスを無料で利用することもできる。国内エアラインに比べると実質的な収入が多くなり、生活はしやすい。航空券が無料もしくは格安で利用でき、まとまった休みも取りやすいため、ドイツへ旅行したり、母親とタイへ旅行したりとCA生活を満喫《まんきつ》している。

つらいことは？　と聞くと、「海外に生活のベースがあるので、日本の家族や友人に気軽に会えないことが少しつらいと感じることもあります」と笑って答えてくれた。

日本人にも昇進《しょうしん》の道が拓《ひら》かれている

もうひとつの特徴《とくちょう》は、日本人を含《ふく》めすべての国籍《こくせき》のCAが、同じようにキャリアを積み、昇進《しょうしん》できること。「日本線のみ」というように乗務路線が限られている外資系エアライン

入社後に行われた緊急着水訓練

の日本人CAは、本国人CAとはキャリアパスが異なり、チーフパーサーの資格を取れないなど昇進《しょうしん》に差がつくこともある。だが、エティハド航空ではそのような制限がない。

「私は入社10年目ですが、チーフパーサーの資格をもっています。チーフパーサーとして乗務する時は、客室全体のサービスと安全の責任者を務めます。いっしょに乗務するCAをチームとしてまとめ、働きやすい環境《かんきょう》をつくるようにしています」

さらに、サービストレーナーとしてエコノミークラスとビジネスクラスのサービス訓練も担当。国籍《こくせき》にかかわらず、本人のやる気次第でさまざまな道が拓《ひら》かれているのである。

また、「リクエストフライト」という制度もあり、あらかじめ希望を出しておけば、自分が行きたい目的地へのフライトに乗務することも可能だ。フランクでフレンドリーな社風で、とても働きやすい会社だと安沢さんは語ってくれた。

マニュアルも訓練もすべて英語

もちろん、チーフパーサーになるまでにはさまざまな苦労を乗り越《こ》えてきた。最初の難関が、入社後の訓練だ。訓練は約６週間にわたって、アブダビで行われた。

「最初の３日で、入社式、会社のオリエンテーション、制服の着こなしとメイクアップ方法のレクチャーを受けました。その後保安訓練が４週間、そして２週間のサービス訓練があります。毎日のように実施《じっし》される試験に合格していく必要があり、予習、復習などマニュアルと格闘《かくとう》する日々でした」

国内エアラインの訓練は日本語で実施《じっし》されるが、世界各国からＣＡが集まるエティハド航空では、マニュアルも訓練もすべて英語だ。ＣＡには高い英語力が必要とされる。安沢さんも、ＴＯＥＩＣ９５５点と満点近い英語力のもち主だ。

エティハド航空で楽しく働くために大切なのは、英語および日本語でのコミュニケーション能力。機内では多国籍《たこくせき》の乗客に対応し、同時にさまざまな文化背景をもつ同僚《どうりょう》とうまく働く必要があるからだ。

「訓練、そして乗務でさまざまな国出身のＣＡといっしょになり、それぞれの文化にふれることで、人間として成長できたと感じています。厳しい訓練を乗り切った同期とフライトがいっしょになると、一層仕事が楽しくなります」

問われるのはホスピタリティー

エティハド航空は、サービスに力を入れていることでも知られている。総2階建ての大型飛行機・エアバスA380型機には、ファーストクラスよりさらに上級のクラスで、専用浴室も備える「ザ・レジデンスbyエティハド」を設置。旅行業界のアカデミー賞とも呼ばれるワールド・トラベル・アワードの「ワールド・リーディング・エアライン」賞を6年連続で受賞してもいる。

サービスを大切にするエティハド航空のCAには、「人に何かをしてあげたい」というホスピタリティーが欠かせない。安沢さんも、ホスピタリティーを発揮して乗務している。

ニューヨークからアブダビへのフライトでのこと。安沢さんは、現地で不慮《ふりょ》の事故にあ

仲良しの日本人CAとカフェでランチ

い、歯をすべて失ってしまった乗客に対応した。

「事前に特別機内食のご予約をされておらず、ミールサービスの時にお飲み物しかお召《め》し上がりになれませんでした。ニューヨーク／アブダビ線は、12時間を超《こ》える長時間のフライトなので心配になりました」

安沢さんは何をしてあげられるかを考え、同僚《どうりょう》と相談。機内食に入っていたマッシュポテトや、クルーミール（CAのために用意される機内食）についていたバナナとヨーグルトをお皿に盛《も》りつけて提供したところ、とても喜ばれたという。

「着陸後、そのお客さまが飛行機を降りられる際にお手紙をくださいました。手紙には、『事故に遭遇《そうぐう》してからはじめて食事らしいものを口にすることができた。ありがとう』と感謝のメッセージが書かれていました。CAとして日々行っている些細《ささい》なことも、お客さまに大きな影響《えいきょう》を与《あた》えることがあるのだと再認識しましたし、喜んでいただけたことが本

エジプトステイ。ラクダに乗って砂漠ツアー

当にうれしかったです」

　ホスピタリティーを発揮するには、まずCA自身が健康で元気な状態でなければならない。多くのCAが語ることだが、安沢さんも「体調管理は非常に重要」だという。エティハド航空が拠点《きょてん》としているアブダビ国際空港は24時間運営で、CAが乗務するフライトも早朝便、深夜便とさまざまだ。深夜便のことをCAは「レッドアイフライト」と呼んでいる。

「CAとして仕事をしていると、やはりどうしても不規則な生活になりがちです。また非常に体力を使う仕事だとも思います。長距離《ちょうきょり》国際線では、休憩《きゅうけい》をはさみながら一日12時間以上働くことはふつうですし、短距離《たんきょり》線では、場合によってはフライト中ほぼ立ったままで休憩《きゅうけい》を取れない、ということもあります」

　最新型の飛行機では若干改善されているが、機内の湿度は10～20％ほどと、砂漠地帯の平均湿度《しつど》（20～25％）より低い。安沢さんはこまめに水分補給するよう心がけている。またふだんからバランスのよい食事をし、オフの日にジムに通うなどして体力を維持《いじ》している。

中東系エアラインが第一志望

　安沢さんがCAになりたい、と思い始めたのはまだ子どもの頃《ころ》だった。

「母がフィリピン出身のため、子どもの頃《ころ》からよく飛行機を利用していました。空港でCAさんを見かけると、すごくカッコイイ、と思いましたし、私もいつかきれいでかっこいい女性になりたいとCAを志望するようになりました」

　就職活動を始めた時期は、ちょうど中東系エアラインがめざましく発展していた頃《ころ》と重なっていた。なかでもエティハド航空は、2003年と比較的《ひかくてき》新しく設立された航空会社ながら、わずか10年ほどで急成長。2010年に成田国際《なりたこくさい》空港への乗り入れを果たした。日本乗り入れに先立ち、2008年にはじめて日本人CAを募集《ぼしゅう》。2009年には、日本人CA合計120名の大規模採用を実施《じっし》している。エティハド航空の躍進《やくしん》を見ていた安沢さんも「CAになるなら、中東の航空会社がいちばんではないか」と考えていた。

「実は、エティハド航空の制服にあこがれていました。当時、グレーのスーツにヴェールがついた帽子《ぼうし》をかぶっているCAは、必ず真っ赤な口紅をつけていて、すてきだなと思っていました」

大学卒業後は、東京にある会員制国際クラブのホールスタッフとして働きながら、エティハド航空がCA募集《ぼしゅう》を発表するのを待った。そして2014年の採用試験で合格。アブダビに渡《わた》ったのである。

訓練トレーナーとしても活躍。写真左が安沢さん

「第一印象をよくするために、CAらしいメイクアップや歩き方、話し方などを研究しました。また、私がめざしていた中東系エアラ

チーフパーサーに昇進した時、お祝いに花束をもらった

インは、どの会社も英語で面接が行われるので、英語で応対する練習もしました。会員制国際クラブで、英語で接客していたことが受験対策としてとても役に立ちました」

エティハド航空に合格するまでには、不合格を経験したこともある。そんな安沢さんが、ＣＡをめざしている人たちに言いたいこと、それは「あきらめないで」ということだ。

「あきらめたら、そこで試合終了《しゅうりょう》。ＣＡになることはできなくなります。何度不合格になってもあきらめず努力を続けていれば、きっと夢《ゆめ》がかなう日が来ますよ」

エティハド航空はコロナ禍《か》でもいち早く日本人ＣＡ採用を再開したエアラインでもある。英語が得意で海外志向が高い人、エキサイティングなＣＡライフを送りたい人には、うってつけの会社なのだ。

2章

客室乗務員の世界

客室乗務員誕生から約100年 多くの変化を経て今の航空業界に

世界初のＣＡは男性。１９３０年代に女性ＣＡが誕生《たんじょう》

世界ではじめて客室乗務員（ＣＡ）が誕生《たんじょう》したのは、１９１２年、ドイツでのこと。当時、ドイツにあった航空会社ＤＥＬＡＧが運航していた飛行船「ツェッペリン」で乗客への機内サービスを始め、ハインリッヒ・クービス（Heinrich Kubis）という男性が雇《やと》われた。

１９３０年には、女性客室乗務員が登場する。ユナイテッド航空の前身、ボーイング・エア・トランスポート社のエレン・チャーチだ。エレン・チャーチは米国《べいこく》アイオワ州生まれで、看護婦（当時）資格をもっていた。当初はパイロット志望だったが採用されず、客室乗務員として飛行機の仕事に就くことを模索《もさく》。「機内でお客さまをお世話するために、

看護婦が乗務すれば役に立つ」という提案が同社に受け入れられ、はじめての女性客室乗務員として採用された。同時に採用された看護婦７人とともに「オリジナル・エイト」と呼ばれている。

日本《にほん》では戦前の１９３１年にエア・ガールが誕生《たんじょう》

日本で客室乗務員が誕生《たんじょう》したのは１９３１年。羽田《はねだ》／下田《しもだ》（伊豆《いず》）／清水《しみず》（静岡《しずおか》）線を運航していた東京航空輸送《とうきょうこうくうゆそう》株式会社が「エア・ガール」という呼称《こしょう》で客室乗務員３名を採用し、機内で乗客に軽食を提供させた。ただし３名は待遇《たいぐう》の悪さに耐《た》えかねて、１年後には全員が退職。日本の初代客室乗務員は１年足らずで空から消えてしまった。

その後１９３７年には、日本政府が設立した特殊《とくしゅ》法人、日本航空輸送《にほんこうくうゆそう》株式会社が「エアガール」を募集《ぼしゅう》した。10名の募集《ぼしゅう》に対し２０００人以上の応募《おうぼ》があったという。日本航空輸送はその後、大日本航空《だいにっぽんこうくう》に合併《がっぺい》されエアガールも増員。１９４０年には30名を超《こ》えるエアガールが日本の空を飛んでいたが、第二次世界大戦により大日本航空はエアガールを廃《はい》止《し》した。

再び日本の空に客室乗務員が戻《もど》るのは終戦後、１９５１年のことである。第二次世界大戦で敗戦した日本は、連合国軍最高司令官総司令部（ＧＨＱ）により一切の航空活動が禁止されていたが、1950年に解禁されたのを受け、現在の日本航空（JAL）が1951年に誕生《たんじょう》したのだ。JALは客室乗務員1期生15名を採用し、1951年から国内線の運航を開始。1954年には東京／ホノルル／サンフランシスコ線を開設した。

1950年代には、JALのほかにもつぎつぎと航空会社が誕生《たんじょう》している。ANAの前身である日本ヘリコプター輸送（通称《つうしょう》：日ペリ）が設立されたのは、1952年。客室乗務員1期生6名の募集《ぼしゅう》に対して1000名の応募《おうぼ》者が試験場に集まり、社会の注目を集めた。後に日ペリは極東航空《きょくとうこうくう》と合併《がっぺい》し、1957年に「全日本空輸《ぜんにっぽんくうゆ》」となった。また1953年には、のちの日本《にほん》エアシステムとなる東亜航空《とうあこうくう》が設立されている。

大量輸送が始まった70年代。客室乗務員は通年採用

1972年、運輸《うんゆ》（現・国土交通）大臣の通達により、国内の航空会社間の過当競争を避《さ》けるために、「JALは国内幹線と国際線、ANAは国内幹線とローカル線、TDA（東亜国内航空《とうあこくないこうくう》・当時、のちのJAS）は国内ローカル線」と、政府によって住み分けがされた（「45・47体制」）。

1970年代から80年代にかけては、客室乗務員が大量に採用された時代でもあった。JALは1971年に、ANAは1979年にボーイング747型機（ジャンボジェット

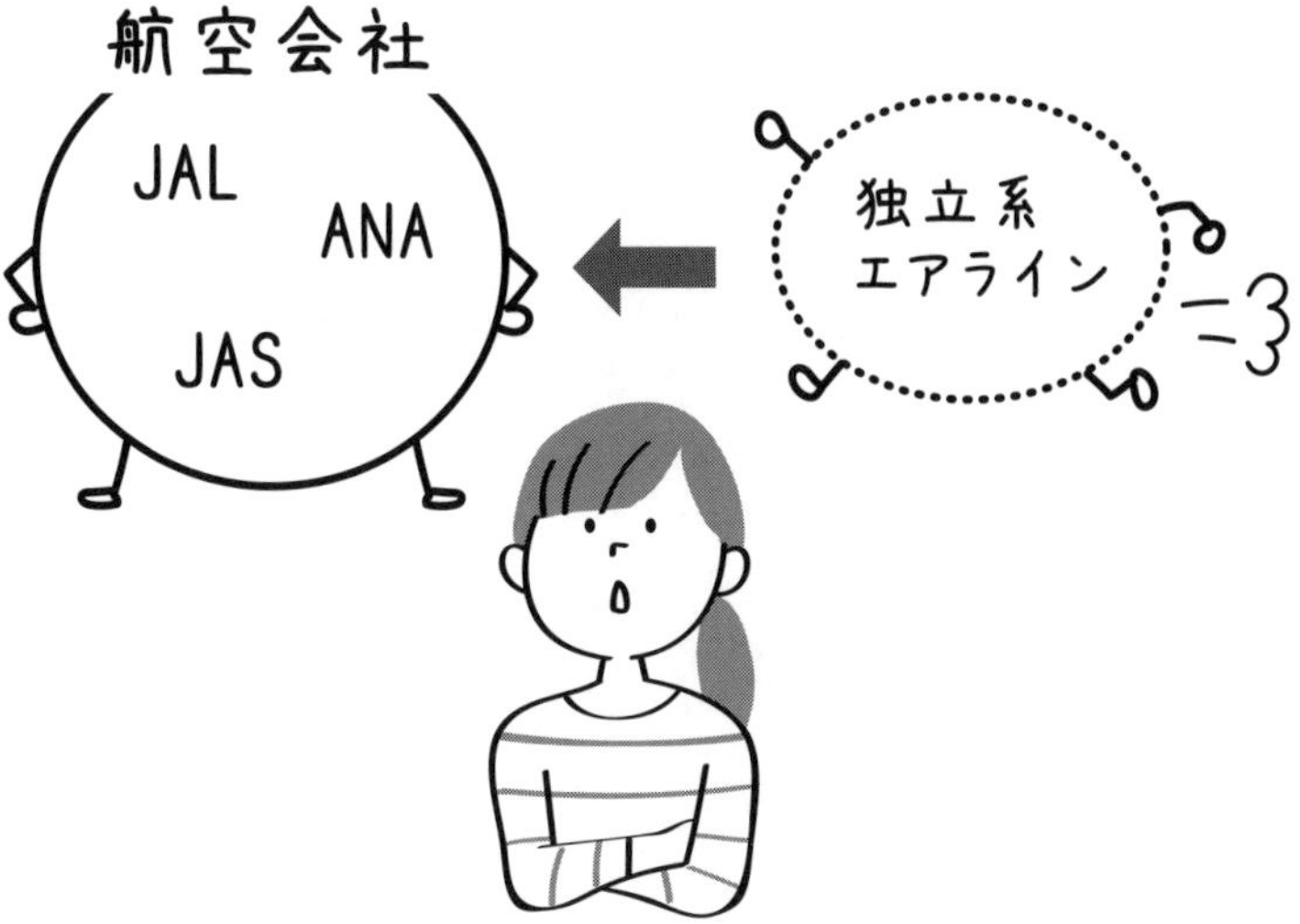

機）を導入。座席数５００席を超《こ》えるジャンボジェット機による「大量輸送時代」が始まった。ＪＡＬでは１９７３年、74年と２年連続で客室乗務員を１０００人以上採用している。

90年代は規制緩和《かんわ》が進み、独立系エアラインが誕生《たんじょう》

１９９０年代になると航空業界の規制緩和《かんわ》が進み、新規航空会社の参入が政府により認められた。そこで誕生《たんじょう》したのが、スカイマークエアラインズ（現在のスカイマーク）や、北海《ほっかい》道《どう》国際《こくさい》航空《こうくう》（現在のＡＩＲＤＯ）などの独立系エアラインだ。

規制緩和《かんわ》後、独立系エアラインとして最初に設立されたのはスカイマークエアラインズ

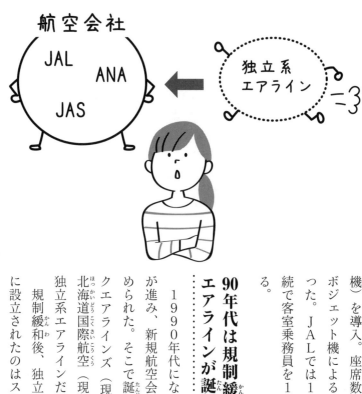

で、１９９６年11月12日設立。ＡＮＡグループ、ＪＡＬグループを別にすると、新規エアラインが日本の航空業界に参入したのは、１９６１年に長崎航空《ながさきこうくう》（現在のオリエンタルエアブリッジ）が設立されて以来、実に35年ぶりのできごとだった。スカイマーク設立２日後の11月14日には北海道国際航空も設立。その後、スカイネットアジア航空（現在のソラシドエア）、天草《あまくさ》エアライン、フェアリンク（現在のＩＢＥＸエアラインズ）とつぎつぎに新しいエアラインが登場する。設立と同時にどの航空会社も、独自に客室乗務員を採用し始めた。

この時代に設立されたのは、独立系エアラインだけではない。ＪＡＬグループの新規エアライン設立も相次いだ。ジェイ・エア、ＪＡＬエクスプレス、北海道《ほっかいどう》エアシステム、ＪＡＬウェイズが設立されたのも１９９０年代だ。後にＪＡＬに統合されたエアラインもあり、２０２３年で存続しているのはジェイ・エアと北海道エアシステムの2社のみだ。

90年代、客室乗務員採用に大きな変化が起こった。契約《けいやく》制ＣＡの導入である。バブルが崩壊《ほうかい》し日本経済が不況《ふきょう》に入った１９９４年、ＪＡＬとＡＮＡがそろってコスト削減《さくげん》のため客室乗務員を正社員から契約《けいやく》社員採用にすると発表。この契約《けいやく》制ＣＡは、２０１４年度にＡＮＡが、２０１６年度にＪＡＬが全員を正社員化するまで、20年にわたり続くことになる。この間、客室乗務員は3年の契約《けいやく》期間が過ぎた後でないと正社員になれなかった。

リーマンショックとJALの経営破綻《はたん》。客室乗務員採用も中止に

2000年代以降は、エアラインの経営が厳しさを増した時代だった。2001年に米国で起きた9・11テロ事件、2008年のリーマンショックなどが原因で、国内エアラインだけでなく外資系エアラインもつぎつぎと経営難に陥《おちい》る。AIRDOやソラシドエアのほか、2006年にJAS（日本《にほん》エアシステム）との統合が完了《かんりょう》したJALも2010年に経営破綻《はたん》している。

航空不況《ふきょう》は客室乗務員の採用にも影《かげ》を落とした。90年代はJAL、ANAともに年間500〜600名ほどの客室乗務員を採用していたが、2000年代に入るとJALは1年に100名ほどと採用数をぐっと絞《しぼ》り、経営破綻《はたん》付近の2010年、2011年は採用を中止。ANAは2002年、2003年と2年連続で客室乗務員の採用を見送っている。「客室乗務員になりたくてもなれない」時代の到来《とうらい》である。

一方で、新規エアラインも設立されている。スターフライヤーとフジドリームエアラインズだ。前者は北九州《きたきゅうしゅう》空港、後者は富士山静岡《ふじさんしずおか》空港を拠点《きょてん》に運航を開始。静岡の物流企業《きぎょう》「鈴与《すずよ》」が設立したフジドリームエアラインズは「地方と地方を結ぶ」を掲《かか》げ、2015年には黒字化を達成した。

ＬＣＣが台頭した２０１０年代、航空会社の再編も進む

２０１０年代、日本にも「ＬＣＣ（Low Cost Carrier、格安航空会社）」が登場。２０１２年にPeach、ジェットスター・ジャパン、エアアジア・ジャパンの３社が運航を開始した。[＊1] ＬＣＣの台頭は著しく、２０１４年に中国《ちゅうごく》の春秋航空《しゅんじゅうこうくう》などが出資した春秋航空日本が運航を開始。[＊2] さらに２０２０年にはＪＡＬグループの中距離《ちゅうきょり》ＬＣＣ、ZIPAIRが運航開始。コロナ禍《か》のためまずは貨物便としてのスタートだったが、その後、旅客便の運航も始めている。

また、２０００年代の経営危機やコロナ禍《か》を経て、航空会社の再編も進んだ。ＪＡＬグループでは、ＪＡＬウエイズとＪＡＬエクスプレスがＪＡＬに統合。ＡＮＡグループでも、エアーニッポンがＡＮＡに統合され、エアーセントラル、エアーニッポンネットワーク、エアーネクストがＡＮＡウイングスに統合された。さらに、２０２２年には北海道のＡＩＲＤＯと、九州のソラシドエアが共同で持ち株会社を設立。２０２４年にはＡＮＡグループの新しい中距離《ちゅうきょり》国際線エアライン「AirJapan」が就航する予定だ。

日本の航空業界は戦後約80年の間にめまぐるしく変貌《へんぼう》し、また今後も変化し続けていくのである。

＊1　エアアジア・ジャパンは当初、ANAがマレーシア拠点のLCC、エアアジアと提携して設立したが、後に提携を解消。2013年に「バニラエア」として再スタートを切った。バニラエアは2019年、Peachと経営統合している。一方エアアジア・ジャパンは、本家のエアアジア・グループの一社として2014年に運航開始するが、2020年に日本から撤退した。

＊2　2021年にJALグループエアラインになり、「スプリング・ジャパン」に社名を変更した。

現在の航空業界事情

国内エアライン20社以上、外資系エアライン80社以上が日本の空を飛んでいる

国内エアライン──客室乗務員を採用する国内エアラインは21社

ひと口に「航空会社」といっても、そのカテゴリーは非常に幅広《はばひろ》い。ここでは、客室乗務員を採用する国内エアライン、および日本人を対象に客室乗務員を採用する可能性のある、すなわち日本に乗り入れている外資系エアラインについて紹介《しょうかい》しよう。

2023年現在、日本には定期便を運航する航空会社が20社以上ある（JALとANAのグループ会社を含《ふく》む）。日本全国を網羅《もうら》し、海外の主要都市へも乗り入れるJALやANAから、地方路線や離島《りとう》路線に特化した地域航空会社（リージョナルエアライン）まで、その種類や規模はさまざまだが、大きく四つに分けることができる。国内線・国際線を幅《はば》広《ひろ》く展開するJAL、ANAとそのグループエアライン、日本の空の規制緩和《かんわ》を受けて1

990年代以降に誕生《たんじょう》した独立系航空会社、サービスを簡素化するかわりに低運賃を掲《かか》げて2012年以降に設立されたLCC、その他の地域航空会社だ。

(1) JALグループ、ANAグループ

日本を代表する大手航空会社といえば、誰《だれ》もがJALとANAを思い浮《う》かべるだろう。どちらも1950年代に設立され、以来ずっと運航し続けている歴史あるエアラインだ。グループエアラインを含《ふく》めると、利用者数1位のANAと2位のJALだけで国内市場の9割近くを占《し》め、日本発着の国際線も多数運航している。

(2) 独立系エアライン

独立系エアラインとは、航空業界の規制緩和《かんわ》を受けて1990年代以降に創業した、JAL、ANAどちらのグループにも属さないエアライ

日本にはさまざまなエアラインが乗り入れている

ンのことをいう。代表的な航空会社には、独立系航空会社の第一号として1998年に運航を始めたスカイマーク、北海道《ほっかいどう》内の企業《きぎょう》家が設立し、「北海道の翼《つばさ》」を掲《かか》げるAIRDO、宮崎《みやざき》県に本社を置く「九州の翼《つばさ》」ソラシドエア、福岡《ふくおか》県北九州市に本社を置くスターフライヤーなどがある。これらの独立系航空会社は地域に密着した経営を展開している。

(3) LCC

LCCとは、「Low Cost Carrier」、すなわち格安航空会社のことである。LCCは米国で始まり、その後は欧州《おうしゅう》、豪州《ごうしゅう》、東南アジアなどで急拡大してきた。

日本でLCC時代が始まったのは、2012年のこと。まずANAグループのPeachが2012年3月に就航。「空飛ぶ電車」をコンセプトに路線を拡大し続けている。ジェットスター・ジャパンは2012年7月に就航し、その後春秋航空日本（現在のスプリング・ジャパン）が2014年に、中長距離《ちゅうちょうきょり》LCCのZIPAIRが2020年に就航した。ジェットスター・ジャパンは当初は豪州のジェットスターグループ、スプリング・ジャパンは中国の春秋航空系列に連なるLCCだったが、ジェットスター・ジャパンは2019年にJALの関連会社に、スプリング・ジャパンは2021年にJALの子会社になっている。

図表1 日本のエアライン

(4)その他の地域航空会社

上記(1)から(3)のいずれにも属さない航空会社が、その他の地域航空会社だ。長崎《ながさき》と長崎県内離島《りとう》間を運航するために1961年に誕生《たんじょう》した長崎航空（現在のオリエンタルエアブリッジ）、1999年に設立され、仙台《せんだい》を拠点《きょてん》に地方都市を結ぶフェアリンク（現在のIBEXエアラインズ）、熊本《くまもと》県と天草《あまくさ》地域の自治体と民間企業《きぎょう》の出資により1998年に設立された天草エアラインの3社がこのカテゴリーに入る。

外資系エアライン――日本には80社以上の外資系エアラインが乗り入れる

飛行機もしくは船でないと渡航《とこう》できない島国である日本には、世界各地に拠点《きょてん》を置く外資系エアラインが多数乗り入れている。日本に国際定期便を就航している外資系のエアラインは80社以上。アジアや欧米《おうべい》のほか、中東やアフリカ、オセアニア、南太平洋などを含《ふく》む世界各地から日本に就航している。

地域別に見て就航数が多いのはアジア各地のエアラインで、50社以上ある。日本に就航する海外のエアラインの半数以上が、アジアを本拠《ほんきょ》地にするエアラインなのだ。また東アジアのエアラインのなかには、大韓航空《だいかんこうくう》やチャイナエアラインなどのように、成田や関西などの国際線の拠点《きょてん》空港だけでなく、北海道や九州などを含《ふく》む地方都市に乗り入れる例も増えている。地方都市から成田国際空港や関西国際空港などを経由せず、各社のハブ空港（拠点《きょてん》空港）で乗り継《つ》いで世界各地へ飛ぶこともできる。

またここ数年、韓国や東南アジアを拠点《きょてん》とする外資系ＬＣＣが日本に就航することが増えている。韓国《かんこく》のチェジュ航空《こうくう》、ティーウェイ航空《こうくう》、シンガポールを拠点《きょてん》とするスクート、マレーシアを拠点《きょてん》とするエアアジアＸなどがその一例だ。フルサービス航空会社とはサービス内容がまったく異なるが、「サービスがなくとも安いエアラインを利用したい」という旅行者には選択肢《せんたくし》が広がった。

客室乗務員の仕事

マルチタスクが求められる客室乗務員の仕事

客室乗務員の仕事は大きく分けて四つ

客室乗務員というと、「にっこり微笑《ほほえ》んで優雅《ゆうが》にサービスしているお姉さんやお兄さん」の姿を思い浮《う》かべる人が多いのではないだろうか。確かにふだん、私たちが機内で見る客室乗務員の仕事は、「接客業」の性格が強い。ドアの前で笑顔《えがお》で出迎《でむか》えてくれ、ドリンクや機内食を過不足なく配り、免税《めんぜい》品を販売《はんばい》して乗客のケアをする。世界のエアラインがどこもサービスに力を入れていることもあって、客室乗務員＝サービス業、と考える人が多いのも無理はない。

しかし、客室乗務員の仕事はサービスだけではない。大きく分けると四つある客室乗務員の仕事について、それぞれ解説しよう。

(1)もっとも重要な役割、乗客の命を守る保安要員

日本では、飛行機を安全に運航するために、機種、座席数、乗客人数に応じて乗務しなくてはならない最少客室乗務員数が、国土交通《こくどこうつう》省が定める「運航規程審査《しんさ》要領」で決められている。具体的には、客席数が50席を超《こ》える航空機の場合、50座席あたり1名（端数《はすう》切り上げ）を下回らないこと、とされている（ただし定員19名以下の旅客機には、客室乗務員が乗務する必要はない）。

これは、客室乗務員にとってもっとも重要な任務が、機内で乗客の安全を守る「保安要員」としての役割だからだ。たとえば万が一、機内で事故が発生した場合、機内の全非常口のうち半分の数の脱出口《だっしゅつ》を使って、乗客全員を90秒以内に緊急脱出《きんきゅうだっしゅつ》させなくてはならないことが国際的なルールとして決められている。この時、乗客を脱出《だっしゅつ》させるために誘導《ゆうどう》するのは客室乗務員だ。また、機内での火災で消火活動を行うのも、機内で急病人が出た時に応急救護をするのも客室乗務員である。

実際のフライトでも、客室乗務員は機内の安全を守るためさまざまなことに目配り、気配りをしている。搭乗客《とうじょうきゃく》を出迎《でむか》える際には、乗客の顔色や歩き方から健康状態を観察し、フライトに耐《た》えうるかどうかを判断している。また飛行中は、異常音や極端《きょくたん》に熱くなっている箇所《かしょ》があれば速やかに確認し、コクピットに伝えてもいる。小さな事象を見逃《みのが》さず、事故につながるエラーを断ち切っているのだ。

入社後に行われる訓練でも、サービス訓練の前に保安に関する知識を徹底的《てっていてき》に叩《たた》き込《こ》まれる。またどんなにベテランの客室乗務員であっても、1年に一度必ず緊急《きんきゅう》救難訓練を受け、試験に合格しなければ乗務資格を失ってしまう。ドアの操作方法などは、機種によって違《ちが》うため、救難訓練でも機種ごとに試験を受ける。

(2)重要性が高まっているサービス要員としての役割

CAの第一の役割は保安要員だが、サービス要員としての重要性も年々高まっている。

航空会社を選ぶ際、何がいちばん重要かといえば、まず第一は目的地に就航しているか（路線）、第二はフライトの時間や頻度《ひんど》が自分に合っているか（利便性）、である。では、就航地もフライト時間も似たような航空会社が2社あった時、どちらを選ぶだろうか。

私たち乗客にとって、飛行機というものは、機種が違《ちが》うからといってそれほど大きく居住性は異ならない。となると、決め手はソフト面＝サービスになる。同じ機内食でも、につこり笑顔《えがお》で手渡《てわた》されるのと、ぶっきらぼうに差し出されるのとでは印象はずいぶん違《ちが》う。また最近では、インターネットで搭乗《とうじょう》経験者のレビューを見たり聞いたりすることが容易にでき、格付け会社による航空会社のランキングも頻繁《ひんぱん》に発表される。「すてきなサービスだった」と聞けば乗ってみたくなるし、「ひどい扱《あつか》いを受けた」と読むとやめておこうとなる。行き届いたサービスを提供するため、ファーストクラスやビジネスクラスでは法律で定められている数より多くの客室乗務員が乗務していることがほとんどだ。

機内で行うサービス業務は、食事や飲み物などの提供、機内販売《はんばい》、到着《とうちゃく》地での案内など多岐《たき》にわたる（61ページの「客室乗務員のあるフライトの流れを紹介《しょうかい》」を参照）。サービスにマニュアルはあり訓練でもサービス方法について教わるものの、客室乗務員個人の感性とスキルに負うところも大きい。実際、客室乗務員には機内サービスに活かすために英語をはじめとする外国語の資格をもっている人や、ソムリエ資格を取得する人が多い。また保育士やサービス介助士《かいじょ》、手話技能検定にチャレンジする人もいる。さらに客室乗務員が乗務地でのステイ中にレストランで食事をしたり名所旧跡《きゅうせき》を訪れたりするのは、決して「観光」だけではなく、そこで得た情報を機内で乗客に伝えるという意味合いもある。

(3)「会社の顔」としてメディアに登場、PR要員としても

洗練されたデザインの制服を着て仕事をする客室乗務員は、会社のイメージを体現する広告塔《とう》的存在でもある。自社を効果的にアピールするため、航空各社は自国の民族衣装《いしょう》をモチーフにした制服を導入したり、その国を代表するファッション・デザイナーに制服のデザインを依頼《いらい》するなど、工夫を凝《こ》らしている。たとえばシンガポール航空では、民族衣《い》装《しょう》をモチーフにした制服、サロンケバヤを着用した自社の客室乗務員を「シンガポールガール」と呼び、「シンガポール航空のやさしいおもてなしの象徴《しょうちょう》」として数々の広告に使用している。

航空会社が主催《しゅさい》するイベントに客室乗務員が登場したり、雑誌やテレビ、オンラインメディアの取材に答えたりすることもある。この場合、客室乗務員はＰＲ要員を務めていることになる。航空会社によっては、「ＰＲ要員」として登録された客室乗務員が在籍《ざいせき》していることもある。

(4)セールス要員、マーケティング要員

最近では、LCCをはじめとして無料の機内サービスを廃止《はいし》したり、飲み物や食べ物、オリジナルグッズを機内販売《はんばい》するなど有料の機内サービスを実施《じっし》するエアラインも増えてきた。機内販売《はんばい》の売り上げによって歩合給がつく会社も多い。この場合、客室乗務員はセールス要員ともいえるだろう。

また会話やサービスの中で、乗客のニーズの変化や動向を察知することも客室乗務員の役割のひとつ。たとえばANAでは、現場で働く客室乗務員が乗客の声や気づいたことを社内の部署に発信するシステムがある。JALでは、機内食に関する意見を客室乗務員が吸い上げ、メニュー改定に至ったこともある。

このように、客室乗務員にはマルチタスクが求められている。客室乗務員に取材していると、「人生で経験したことすべてが、仕事に役立っている」とよく聞くのもそれを表している だろう。客室乗務員の仕事はサービスだけではない、ということを知っておこう。

客室乗務員のあるフライトの流れを紹介

国内線では一日2～4便に乗務 国際線では18時間超の勤務も

国内線と国際線とで大きく異なる一日の流れ

客室乗務員の勤務スケジュールは、会社によって異なる。

国内線・国際線ともに乗務するエアラインの客室乗務員は、24時間体制勤務だ。たとえば羽田／ニューヨーク、羽田／ロンドンなどの長距離《ちょうきょり》国際線では、フライトタイムは14～15時間近くある。客室乗務員は国際線の場合、飛行機が出発する時刻の2時間ほど前に出社（ショウアップ）するので、勤務時間は18時間ほどにおよぶ。一方、短距離《たんきょり》国内線に乗務する場合は、勤務時間8時間ほどで終了《しゅうりょう》ということもある。

そこで客室乗務員は、一般《いっぱん》企業《きぎょう》のように9時から17時までの勤務ではなく、日によって勤務時間が違《ちが》う「シフト制」で働いている。毎日異なる時間に出社し、国内線では一日に

2便から4便に、国際線では距離《きょり》によって片道か往復に乗務。休日も月によって異なるが、一年に110日以上、一カ月に直すと8日から10日ほどは休めるというシフトを組んでいる会社が多いようだ。

ここでは、まずは羽田／ロンドン線に乗務する場合のJAL客室乗務員の一日を、つぎに国内線に乗務するANAの客室乗務員の一日を追ってみよう。

羽田／ロンドン線に乗務する場合のJAL客室乗務員の一日

・5：00 a.m. **起床《きしょう》** 寝坊《ねぼう》・遅刻《ちこく》は厳禁なので、目覚まし時計を二つかけるという人もいる。ヘアメイクなど、会社の規程に従って朝の身支度を整え、しっかり朝食を食べる。電車など公共交通機関が動いていない時間に出社する場合は、会社がタクシーを手配してくれる。

・6：00 a.m. **出社** 国際線の場合、ブリーフィング開始時刻の約1時間半〜2時間前には出社。客室乗務員が出社することを「ショウアップ」と呼ぶ。クリーニング室で制服をピックアップしたら、更衣《こうい》室で制服に着替《きが》えて身だしなみを整える。各自に配付されているiPadで到着《とうちゃく》地の情報を確認したり、マニュアルなどに目を通したりと、フライトの事前準備をする。

・7：20 a.m. **ブリーフィング** 同じ便に乗務する客室乗務員が集まって、担当便の情報

や注意事項《じこう》などを話し合う。アルコールチェック、パスポートやＩＤなど所持品の目視確認、注意事項《じこう》の情報共有がチーフキャビンアテンダント（チーフパーサー）を中心に進められる。乗務メンバーはブリーフィング時にはじめて顔を合わせ、初対面のＣＡが多いことも少なくない。

・**8：00 a.m.　シップへ**　クルーバスや徒歩で飛行機（シップ）に移動。乗客の搭乗《とうじょう》前に、装備《そうび》品や非常用器材を確認する。機内ではコクピットクルー（パイロット）とのブリーフィングがあり、旅客情報や気象情報、注意事《じ》項《こう》を確認。

・**8：55 a.m.　ボーディング**　機内の準備が整うと、乗客が搭乗《とうじょう》（ボーディング）してくる。客室乗務員はＬ１ドア（飛行機の左側にあるもっとも前方のドア）で搭乗《とうじょう》する乗客を迎《むか》える。機内では、手荷物が安全に収納されているかを確認。

・9：25 a.m. **離陸《りりく》** 離陸《りりく》後、目的地であるロンドンの時間に時計をセットする。ベルトサインが消えたら、エプロンに着替《きが》え、ギャレーでミールサービスの準備に取りかかる

〈以下ロンドン時間。（ ）内は日本時間〉。

・2：10 a.m.（10：10 a.m.） **一度目のミールサービス** ドリンクをミールカートに載《の》せ、客室乗務員2人がペアになりキャビンへ出て、ドリンクをサービスする。その後、まず宗教食や健康食などのスペシャルミールを予約した乗客の情報を細かくチェックし、間違《まちが》いがないよう注意してスペシャルミールを配る。スペシャルミールを配り終えたら、通常の機内食を配付。写真入りのメニューカードを見せながら、乗客一人ひとりに希望を聞いていく。

・4：00 a.m.（0：00 p.m.） **機内販売《はんばい》開始** 一度目のミールサービスが終了《しゅうりょう》すると、機内販《はん》売《ばい》のカタログを手にキャビン内を巡回《じゅんかい》。また、出入国書類や子ども用アメニティーグッズなどノベルティーも配る。出入国書類の書き方を聞かれることもあるので、あらかじめ出入国書類について把握《はあく》しておく必要がある。

・5：00 a.m.（1：00 p.m.） **交替《こうたい》で休憩《きゅうけい》** 長距離《ちょうきょり》国際線の場合、機内販売《はんばい》が終了《しゅうりょう》してから二

度目のミールサービスまで7〜8時間ある。客室乗務員はこのタイミングで、交替《こうたい》で休憩《きゅうけい》を取る。機内には「クルーバンク」と呼ばれる客室乗務員用の休憩《きゅうけい》室があり、ベッドも備え付けられていて仮眠《かみん》をとれるようになっている。休憩《きゅうけい》していない客室乗務員は、適宜《てきぎ》客室を回って飲み物をサービスしたり、機内設備に異常はないか、具合の悪い乗客はいないかなどを確認する。これを「キャビンパトロール」と呼ぶ。

・1：00 p.m.（9：00 p.m.）二度目のミールサービス　二度目のミールサービスは、ボックスに入った軽食であることがほとんど。笑顔《えがお》を絶やさず、ミールとドリンクを手渡《てわた》していく。

・3：50 p.m.（11：50 p.m.）　ロンドンに到着《とうちゃく》　着陸40分前くらいになったら、まもなくベルトサインが点灯すること、それまでに座席を元の位置に戻《もど》し、トイレに行っておくべきことを機内アナウンス。ベルトサインが点灯したら、座席や手荷物がきちんと収納されているかを確認し、客室乗務員も席に着く。飛行機が到着《とうちゃく》したら笑顔《えがお》で乗客を見送り、忘れものがないかオーバーヘッドストウェッジ（手荷物収納棚《だな》）をチェック。客室乗務員も降機する。

・4：50 p.m.（0：50 a.m.）　宿泊《しゅくはく》先のホテルで解散　降機後、通常の旅客と同じく入国審査《しんさ》や税関を通る。ただし、客室乗務員にはクルー用のファストレーンが用意されていることが多く、一般《いっぱん》旅客よりはスムーズに入国できる。その後、会社が用意したバスでステイ先のホテルへ。ホテルへ着くと解散となり、復路便（ロンドン／羽田）に乗務するまでは自由時間。仲の良いクルーといっしょに観光や食事に出る人もいれば、ホテル内で静かに体を休める人もいる。

国内線に乗務するANAの客室乗務員の一日

・4：00 a.m.　起床《きしょう》　寝坊《ねぼう》・遅刻《ちこく》は厳禁。国際線乗務の時と同じく、ヘアメイクなど、会社の規程に従って朝の身支度を整え、しっかり朝食を食べる。公共交通機関が動いていない時間に出社する場合は、会社が手配したタクシーが自宅まで迎《むか》えにきてくれる。

・**6：00 a.m. 出社、ブリーフィング**　ANAでは国内線で「ダイレクトシップ」と呼ばれるシステムに制度を改革。客室センターには出社しなくてもよくなった。客室乗務員は、出社確認はiPadで済ませ、直接搭乗《とうじょう》ゲートに集まる。この制度によって業務開始までの時間が短縮され、CAから好評だという。搭乗《とうじょう》口を入った通路「ロタンダ」で集合してブリーフィングを行う。

・**7：00 a.m. 機内へ**　機内で搭乗《とうじょう》のための準備を行う。乗客の搭乗《とうじょう》前に、搭載《とうさい》品やジャンプシート（客室乗務員用の座席）をチェック。また、コクピットクルー（パイロット）とブリーフィングをする。

・**7：20 a.m. ボーディング**　乗客が搭乗《とうじょう》してくる。笑顔《えがお》で出迎《でむか》えて座席を案内するほか、子ども連れの乗客には、可動式のひじかけや収納式テーブルなどで指をはさまないように、子どもが巻き込《こ》まれやすい危険について記載《きさい》したチラシを手渡《てわた》しする。

・**7：40 a.m. 離陸《りりく》、1便目乗務**　ドアクローズ後、機内Wi-Fiエンターテインメントを楽しむためのイヤホンを配付。機内安全ビデオが終了《しゅうりょう》し、CAも全員ジャンプシートに着いてしばらくすると、離陸《りりく》。ベルト着用サインが消えるとすぐにギャレーに入りドリンクサービスの準備をする。その後カートでドリンクサービス。上級席であるプレミアムクラス

では、食事もサービスする。ドリンクサービスが終了《しゅうりょう》したら、子ども用アメニティーキットを配り、ドリンクのおかわりにも対応。誕生日《たんじょうび》やハネムーンの乗客に、メッセージカードを書くこともある。

・**9：00 a.m. 到着《とうちゃく》** 目的地に到着《とうちゃく》。乗客を笑顔《えがお》で見送った後、再び搭乗《とうじょう》の準備を開始する。通常、国内線では3便から4便に乗務することが多い。

・**3：30 p.m. 到着《とうちゃく》、デブリーフィング** 3便乗務後、最後の到着地《とうちゃくち》へ。その後、反省点を話し合うなど簡単なデブリーフィングが行われる。

・**4：30 p.m. ホテルへ移動** 会社が用意したバスで、同乗クルーとともにステイ先ホテルへ。ステイ先での過ごし方は、人それぞれだ。

・10：00 p.m. **就寝《しゅうしん》** 明日のフライトに備えて早めに就寝《しゅうしん》。

このように、国内線と国際線では一日のスケジュールがかなり異なる。両方ともに乗務するエアラインでは、時差を克服《こくふく》し、毎日異なる勤務時間をこなしながら健康を維持《いじ》しなければならない。客室乗務員は体調管理のため、なるべく自炊《じすい》をしたり、ジョギングや水泳、ヨガなど運動を取り入れたりしている人が多い。

ミニドキュメント 1 LCCの客室乗務員

工夫しながらサービスに挑戦できるLCCで、安心・快適なフライトを提供

Peach Aviation《ピーチアビエーション》　客室部《きゃくしつぶ》　客室乗務第1課《きゃくしつじょうむだいか》
合田知世《ごうだともよ》さん

日本初のLCCでCAに

Peach は日本初のLCC（Low Cost Carrier・低コスト航空会社）として、関西国際空港を拠点《きょてん》に設立された航空会社だ。これを皮切りに、ジェットスター・ジャパン、スプリング・ジャパン、ZIPAIRなど、日本の空にはつぎつぎとLCCが誕生《たんじょう》している。

Peachが登場するまで、飛行機の旅は割高だった。片道数千円と、まるで長距離《ちょうきょり》バスか電車のような値段で飛行機に乗り、気軽に旅行できるようになったのはPeachをはじめとするLCCのおかげだ。

合田知世さんはPeachに入社する前は、関西国際空港でグランドスタッフとして働いていた。客室乗務員（CA）になるのは子ど

もの頃《ころ》からの夢《ゆめ》だったものの、新卒時には残念ながらCAになることはかなわなかった。

「グランドスタッフの仕事も充実《じゅうじつ》していましたが、CAになりたいという思いはますます強くなっていきました。働きやすい環境《かんきょう》、なかでも人間関係は私にとって仕事を円滑《えんかつ》に進めるためにいちばん重要です。関西国際空港勤務だったので身近にPeachに勤めている知人がおり、メリハリのある風通しのよい会社だと聞いて働きたいと思いました」

そこへPeachがCAの募集《ぼしゅう》を発表。グランドスタッフとして鍛《きた》えられた接客力などが評価され、合田さんは「CAになる」夢《ゆめ》をかなえることができた。今は関西国際空港をベースに、国内線・国際線の両方に乗務している。

グランドスタッフとCAの違《ちが》い

グランドスタッフとCAは、「航空業界での接客業」という共通項《こう》がある。そのため両者の違《ちが》いがよくわからないという人もいるが、実際はかなり異なる。

まず働く場所がCAは機内なのに対し、グランドスタッフは空港だ。またCAは必ずと言っていいほど宿泊《しゅくはく》（ステイ）を伴《ともな》う勤務スケジュールが組まれるが、グランドスタッフは24時間運営空港を除き宿泊《しゅくはく》を伴《ともな》う勤務はない。合田さんは、「いちばんの違《ちが》いは走るか走らないかです」とユーモアを交えて語る。

「グランドスタッフの時は、とにかく空港ターミナルの端《はし》から端《はし》までお客さまを探して走っていました。季節を問わず汗《あせ》だくだったので、CAになって走らないことが新鮮《しんせん》でした。

またグランドスタッフ時代は夜勤がなく毎日自宅のベッドで寝《ね》られましたが、Peach のCAは月に7～8日はステイがあり、毎回違《ちが》うベッドで寝《ね》ることになります。自宅できちんと睡眠《すいみん》をとることが体力回復に役立っていたことを、CAになって実感しています」

グランドスタッフは飛行機を定刻に出発させるために動き回っていることが多く、旅客とゆっくり会話をすることが難《むずか》しい。一方でCAは、一人ひとりと顔を合わせて会話ができるので、表情やしぐさから何が求められているかを察するようにしているという。

工夫しながらサービスに挑戦《ちょうせん》

CAとして訓練を受けた時から「お客さまとの会話に躊躇《ちゅうちょ》がないところがとてもよい」とインストラクターからほめられていた合田さんだが、最初の頃《ころ》はつらいこともあった。

「なりたかったCAになれて、訓練では日々新しいことを学び、グランドスタッフの経験も活かせるはずなのに、実際のフライトでは思うように体が動かず、情けなくて涙《なみだ》をこぼしてしまったこともありました。それでも快適な空の旅を提供できるよう試行錯誤《しこうさくご》して『ありがとう』という言葉を頂けると、大きなやりがいを感じます。苦戦することもありますが、お客さまを通じて自身の成長を実感できるすてきな職業だと思います」

LCCの Peach には、フルサービスエアラインのような無料のドリンクサービスや機内食の提供はない。そのかわり、ドリンクや機内食のほか、Peach オリジナルグッズなどを販売《はんばい》している。合田さんを取材した時は、人気アニメとコラボしたグミが大人気だった。

関西国際空港を拠点として運航を開始したPeach。関西弁ができる人は「おおきに」と機内アナウンスをすることも

「食事や飲み物のサービスはありませんが、機内の温度調節をこまめにするなどお客さまの求めるサービスを提供できるよう心がけています。また、安心してお過ごしいただくために、機内外問わず常に不審者《ふしん》や不審物《ふしん》はないか、通常と異なる些細《ささい》な変化に気づけるようアンテナを張りめぐらせ、一つひとつの業務に責任をもって努めています」

イレギュラーに対応

過去には、大雪のため乗務していた便が3時間以上遅延《ちえん》するというイレギュラーも経験している。

「その日は新千歳《しんちとせ》空港から関西国際空港へ向かう便の乗務でした。出発準備も整い定刻通りに出発できる予定でしたが、大雪のため滑《かっ》走《そう》路が閉鎖《へいさ》。お客さまを機内で長時間お待たせすることになってしまいました」

既《すで》に搭乗《とうじょう》用のドアをクローズしていた上、悪天候によりボーディングブリッジも設置できず、空港に乗客を降ろすことができない状《じょう》況《きょう》。時間が経つにつれて小さな子ども連れや高齢《こうれい》の乗客には疲《つか》れが見え始めた。

「いつ出発するんですか、そもそも出発はできるのですか、と質問を受けましたし、不安そうなお客さまもたくさんいらっしゃいました。ＣＡにできることは限られていましたが、こまめに操縦室や客室乗務員間でコミュニケーションを取って情報共有を行いました。機内では積極的に話しかけたりアナウンスを入れたりして、少しでもお客さまの不安解消につながるよう努めました」

約１８０席の機内はほぼ満席。ＣＡは全部で４名なので、全員に個別の対応を行うことは難《むずか》しかった。けれども合田さんたちの「少しでも状況《じょうきょう》をていねいに伝え、不安を取り除きたい」という姿勢が伝わって腹を立てる人や怒声《どせい》を上げる人はひとりもいなかった。

「３時間が経ってようやく離陸し、関西国際空港に到着《とうちゃく》した時は、お客さまから感謝のお言葉やメッセージをいただきました。聞かれ

沖縄ステイでソーキそばを堪能　取材先提供

てから答えるのではなく、積極的に情報を発信することが大切だと実感しました」

　機内でのイレギュラーは、想像以上に多い。機内で乗客が倒《たお》れ、ドクターコールをかけるという場面に遭遇《そうぐう》したこともある。

「機内で病人が出た時の対応マニュアルを思い出し、ほかのCAと連携《れんけい》を取ってお客さまを広いスペースに移してお休みいただきました。幸い大事にはいたらず、すぐに意識を回復されて、『ありがとう』と笑顔《えがお》で降機されていったのでほっとしました」

　みずからの性格を「慎重《しんちょう》なタイプ」と語る合田さん。ふだんからマニュアルをしっかりと読み込《こ》んで、どう対処したらよいかを脳内でシミュレーションしておく。

「いろいろ考えて準備をしておくと、その場でスムーズに対応できると感じています」

外国語の必要性を痛感

　コロナ禍《か》を経て現在は、乗客がぐっと増え、ほぼ満席という便も多い。国際線だけでなく、国内線でも外国人乗客が増えている。

「英語が通じない方もいらっしゃいますので、そんな時は会社から支給されているiPadの翻訳《ほんやく》機能やジェスチャーで意思疎通《そつう》を図っています。私はTOEIC600点以上を取得しているのですが、英語をブラッシュアップする必要性を痛感していますし、機内でスムーズに接客できるようになるために、今後は中国語や韓国語など第2外国語も習得したいと考えています」

　よりよいサービスのために努力を続ける。それはLCCであってもフルサービスエアラインであっても変わらないのだ。

ミニドキュメント 2 独立系エアラインの男性客室乗務員

性別問わずコミュニケーションを円滑に取り、心に残るサービスを提供

AIRDO《エア・ドゥ》 運送本部《うんそうほんぶ》 客室部《きゃくしつぶ》 千歳客室乗員《ちとせきゃくしつじょういん》G
山《やま》口《ぐち》諒《りょう》也《や》さん

創立当初から男性CAが活躍《かつやく》

客室乗務員（ＣＡ）というと、「きれいでやさしいお姉さんが笑顔《えがお》でサービスしてくれる」というイメージが強いかもしれない。しかし実は、男性も客室乗務員として活躍《かつやく》している。古くから外資系エアラインでは男性客室乗務員があたりまえの存在だったし、長らく女性しか採用していなかったＪＡＬやＡＮＡも男性を客室乗務員として採用するようになった。現在では、男性客室乗務員が在籍《ざいせき》していないエアラインのほうがめずらしい。

「北海道の翼《つばさ》」であるＡＩＲＤＯは、設立当初から男性客室乗務員を採用しており、パーサーとして乗務している人もいる。同社は北海道内の起業家によって設立されたエアラインで、自治体や道内企業《きぎょう》などの支援《しえん》により北海道国際航空として新千歳／羽田線で運航を開始した。その後、ＡＩＲＤＯに社名を変更《へんこう》。

山口諒也さんは北海道の浦河《うらかわ》町出身で、大学卒業後の２０２２年にＡＩＲＤＯに新卒で入社した。ＡＩＲＤＯのＣＡは、ベースを羽田空港か新千歳空港から選べるのだが、山口さんは新千歳空港ベースだ。

ＣＡの仕事に興味をもったのは、中学２年生の頃《ころ》だった。

「はじめて飛行機に乗った時、ドリンクサービスで配られるスープがとてもおいしく何度もおかわりし、帰路でもまた飲みたいと思いました。しかし帰路では疲《つか》れて寝《ね》てしまい、起きた時にはドリンクサービスは終了《しゅうりょう》。落ち込《こ》んでいる私を見て、ＣＡさんが特別にスープを持ってきてくださり、とてもうれしかったんです。それをきっかけに、ＣＡに興味をもちました」

しかしその当時、山口さんは男性がＣＡになれるとは思っていなかった。その時利用した飛行機にも、男性ＣＡはひとりもいなかったという。

男性もＣＡになれると知ったのは大学時代。将来を見据《みす》えて、好きな英語を活かせる仕事を探していた時に、航空専門誌で男性ＣＡの姿を見た。「男性も採用されているなら僕《ぼく》もなりたい」と思い、受験を決意。「両親にＣＡになりたいと言ったら、夜型で朝が弱いのにだいじょうぶなのか、と言われました」と笑う。

ＣＡをめざすと決意すると、すぐに大学の就職課で担当者と面談。ＣＡとして役に立ちそうな国内旅行業務取扱《とりあつかい》管理者の資格を取得し、CAに必須《ひっす》といわれる英語も毎日勉強。

「実は大学に入学した当初、TOEICスコアはわずか270点と壊滅的《かいめつてき》な点数でした。勉強の結果、徐々《じょじょ》にスコアを伸《の》ばし最終的には800点を超《こ》えることができました」

もうひとつ、山口さんがどうしても大学在学中に挑戦《ちょうせん》したかったことが海外留学だ。留学資金を捻出《ねんしゅつ》するため、アルバイトを三つ掛《か》け持ち。費用を貯めてフィンランドに半年間の交換《こうかん》留学を実現させた。夢《ゆめ》をかなえるために必要なことはすぐ実行する、行動力にあふれた人なのだ。

大好きな北海道でCAになる

CA受験の準備を万端《ばんたん》に整えた山口さんが第一志望にAIRDOを選んだのは、生まれ育った大好きな北海道に住み続けたい、北海道の魅力《みりょく》を発信しながら同僚《どうりょう》のCAや乗客といっしょに楽しいフライトをつくりたいと思ったからだった。

「覚悟《かくご》はしていましたが、面接会場は女性が圧倒的《あっとうてき》に多かったです。でも僕《ぼく》は幸い、女性が多いからといって緊張《きんちょう》したり、やりづらさを感じたりするタイプではありません。高校時代には野球部でキャプテンを務めていたので、女子マネージャーとかかわることも多々ありました。最終面接では面接官から『女性社会の中でうまくやっていけるか?』と聞かれましたが、女性とも男性ともきちんとコミュニケーションが取れると答えました」

実際、入社して女性CAとともに働いていても、コミュニケーションにはまったく問題はないという。在籍《ざいせき》しているほかの男性CAとも仲が良く、「しょっちゅうご飯を食べに

フライト前にはオペレーションセンターに立ち寄り搭乗便の情報を確認

行っています」とのことだ。

「飛行機に乗る理由は人それぞれですが、どんな理由であっても、快適に過ごせる環境《かんきょう》を提供し、『またAIRDOを利用したい』と思っていただけるサービスを心がけています。そのためには、乗務しているCA全員で何ができるかを考えて協力しなければなりません。その結果、お客さまから『ありがとう』や『最高でした』などのお声をいただくとやりがいを感じます。フライト後のデブリーフィングで、『今日こんなサービスをして、お客さまに喜んでいただけました』と共有できるととても楽しいです」

以前、「飛行機にはじめて乗る」という家族が、乗務する便に搭乗《とうじょう》してきたことがあった。

「搭乗《とうじょう》されてすぐに、はじめてだとお聞きしました。不慣れなごようすではありましたが、はじめてのフライトをとても楽しんでいらっしゃいました。そこで何かできることはないかと考え、同僚《どうりょう》のＣＡにも相談。目的地に飛行機が到着《とうちゃく》してから再び飛び立つまでに時間の余裕《よゆう》があったため、機内で記念撮影《さつえい》をしてはどうかと提案してみました。ほかのお客さまが降機された後、機内で家族写真をお撮《と》りしたところ大変喜ばれて、『いい思い出になりました。ありがとうございます』とおっしゃっていただけました。お客さまの笑顔《えがお》を写真に残すことができて、私自身もうれしい気持ちになりました」

機内アナウンスの向上をめざす

山口さんが目下力を入れているのが、機内アナウンスの向上だ。機内アナウンスはＣＡなら誰《だれ》でもできるわけではない。ＡＩＲＤＯでは社内審査《しんさ》を受け、アナウンス資格の階級（グレード）を取得する必要がある。グレードはA、B、C、Dの4段階あり、Cなら保安関連のアナウンスのみ、Aならすべての機

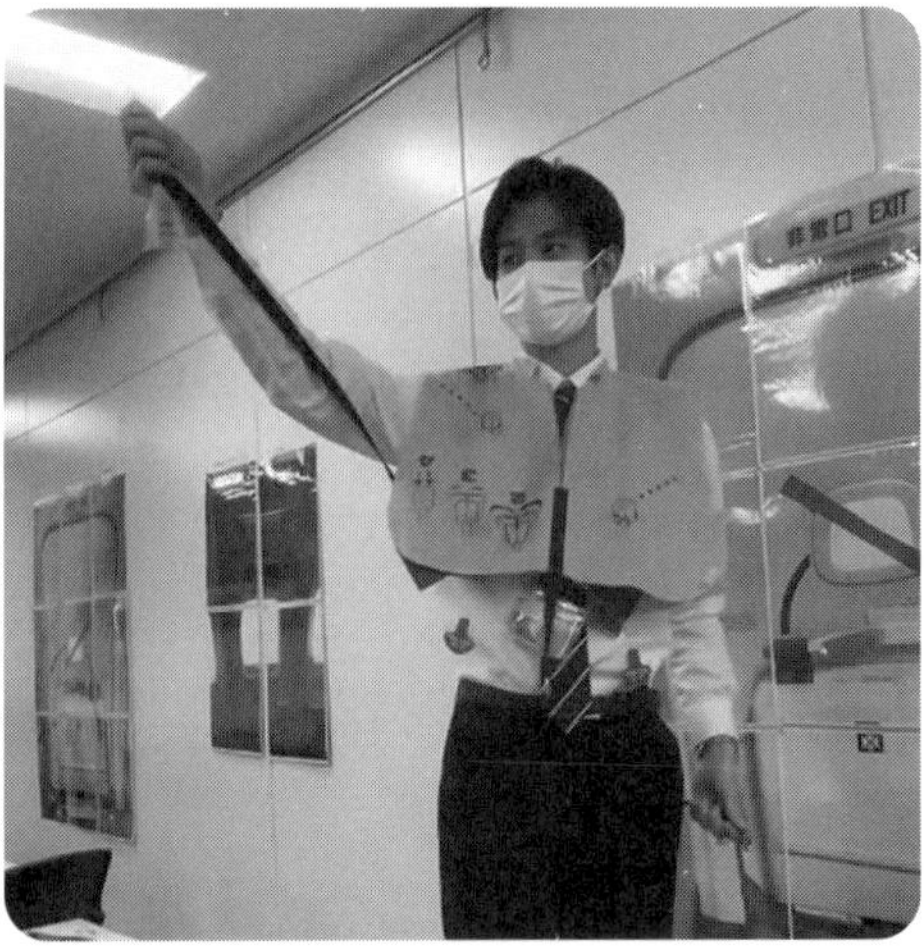

訓練中。エマージェンシーデモの練習　取材先提供

内アナウンスができるというように担当できるアナウンスが決められている。山口さんは日本語はB、英語はAのグレードを取得。

「入社して2年目になりますが、本格的な機内アナウンスを入れられるようになったのはつい最近で、その難《むずか》しさを実感しています。男性の場合、声のトーンや調子を工夫しなければ暗く聞こえてしまいます。ふだんから先《せん》輩《ぱい》方のアナウンスをよく聞き、真似《まね》るようにしています。電車に乗る時も、男性の車掌《しゃしょう》さんが上手なアナウンスをされるとつい聞き入ってしまいます。いろいろなところから技量を吸収しています」

特に、保安に関する情報は正確かつ簡潔に、わかりやすく伝達する力が求められる。

「CAとしてもっとも重要なのは保安要員としての業務です。万が一緊急《きんきゅう》事態が起きた際《さい》にはいち早く動かなければならず、そのためには速やかな情報共有が必須《ひっす》です。いかに簡潔で正確に情報伝達ができるかが、お客さまの安全確保につながります」

また、もうひとつの目標がパーサーの補佐《ほさ》的な役割を担う「セカンドCA」となること。

「今いっしょにペアとなって仕事をするのは先輩《せんぱい》CAだけなのですが、セカンドCAになると後輩《こうはい》と組んで乗務できます。少し前までは私も入社したばかりの新人でしたが、これからは後輩《こうはい》指導をすると同時に、私自身もともに成長していきたいと思います」

そしてその先は、できるだけ早くパーサーになることをめざしたいと考えている。山口さんが一機の責任者として、機内サービスにあたる日もそう遠い未来のことではないのかもしれない。

協力して働く人たち

飛行機を安全に飛ばすために空港ではさまざまな人が働いている

チームワークで飛行機を飛ばす

航空機は、ひとりでは飛ばせない。航空会社はチームワークよく働くことで飛行機を運航している。航空業界には、客室乗務員のほかにも、飛行機を操縦するパイロット、空港で旅客のサポートをするグランドスタッフ、貨物を搭載《とうさい》したりするグランドハンドリングスタッフなど、さまざまな職種の人たちが客室乗務員と協力して働いている。

パイロット

飛行機を安全かつ快適に目的地まで操縦するのがパイロットだ。そのため、高い技術と知識が必要とされる。コクピット（操縦室）に入ると、飛行機のフライトコンピューター

に入力したデータや離陸《りりく》重量や重心位置、搭《とう》乗《じょう》者数などを確認。機長と副操縦士は、その日の天候や出発経路、非常時の手順の確認や飛行に影響《えいきょう》を与《あた》えそうな項目《こうもく》について打ち合わせをする。乗客の搭乗《とうじょう》が終わり、すべての準備が整ったら航空管制官から離陸《りりく》の許可をもらって離陸《りりく》。目的地へ向かう。

パイロットの仕事は飛行機の操縦だけではない。航空機に乗り込《こ》んでいるほかの乗務員を指揮監督《かんとく》するのは機長の重要な仕事だ。機長は出発時のドアクローズから到着《とうちゃく》後のドアオープンまで、その航空機の運航と安全について責任がある。

パイロットは、出発前に客室乗務員と合同ブリーフィングを行う。合同ブリーフィングでは、自己紹介《しょうかい》のほか、飛行時間やルート、速度や高度、目的地までの気象情報、安全に関する取り決めなどをパイロットが客室乗務員に伝達。客室乗務員は、気象情報などからサービスに充《あ》てられる時間を計算する。またフライト中も機内に異変があれば客室乗務員はすみやかにパイロットに伝え、保安などに関する重要なことがらについては一機の責任者である機長の判断をあおぐ。

グランドスタッフ

グランドスタッフの仕事をひと言でいうと、「飛行機を安全かつ定時に飛ばすために、空港に来た旅客のチェックインから搭乗《とうじょう》、到着《とうちゃく》から空港を去るまでサポートをすること」。

グランドスタッフと聞いて、誰《だれ》もが連想するのがチェックインカウンターや搭乗《とうじょう》ゲートでの業務だろう。けれどもグランドスタッフの業務は「ラウンジ業務」「オペレーション業務」など、ほかにもいろいろある。また全員が制服を着ているわけでもなく、バックオフィスでは、制服を着用せずに私服で仕事をしているグランドスタッフや管理職もいる。

グランドスタッフは、乗客の数や、特別なケア（車椅子《くるまいす》や、小さな子ども連れ、子どもだけでの搭乗《とうじょう》など）を必要とする乗客の情報などを客室乗務員に伝える。また客室乗務員は、機内の搭乗《とうじょう》準備が整った時点でグランドスタッフに連絡《れんらく》する。

グランドハンドリングスタッフ

飛行機が空港の駐機《ちゅうき》場にいる間、貨物を搭《とう》載《さい》したり、燃料を補給したり、機体や機内を清掃《せいそう》したりすることを地上支援《しえん》業務という。この地上支援《しえん》業務を行っているのがグランドハンドリングスタッフだ。グランドハンドリング業務は多岐《たき》にわたるが、代表的なものは以下のとおりだ。

●**マーシャリング**　飛行機が駐機《ちゅうき》場の定められた位置に停止できるよう、パドルと呼ばれる道具を両手に持ってパイロットに合図を送り誘導《ゆうどう》する。地上に障害物がないか、別の飛行機と接触《せっしょく》しないかなど大きな飛行機を安全かつ正確に動かすための業務。

●**貨物搭降載《とうこうさい》**　搭載《とうさい》計画に基づき、貨物を降ろし、また積み込《こ》む作業。乗客の手荷物のほか、生鮮《せいせん》食品や衣料品、車など、飛行機はさまざまなものを運んでいる。

●トーイング／プッシュバック　飛行機は後ろ向き走行、すなわちバック運転ができない。そこで「トーイングカー」という車両を使って、飛行機を滑走路《かっそう》まで誘導《ゆうどう》する。

●清掃《せいそう》　飛行機の機体洗浄《せんじょう》や除雪作業、機内の清掃《せいそう》を行う。機内清掃《せいそう》では、シートカバーを取りかえ、ポケットに必要なものを補充《ほじゅう》し、忘れ物がないかどうか確認も行う。

運航管理者（ディスパッチャー）

たとえ同じ路線でも、飛行機は毎回まったく同じルートを飛んでいるわけではない。天候などに応じて、もっとも乗客にとって快適で、かつ燃料が少なくて済《す》むルートを飛んでいる。そうした飛行ルートを決定しているのが運航管理者（ディスパッチャー）だ。

飛行機の出発前に、運航管理者は気象状況《じょうきょう》などを調べ、飛行ルートや飛行高度、機体に積み込《こ》む燃料の量などを記したフライトプランを作成する。そのフライトプランを乗務前のパイロットに伝達。

飛行機が飛んでいる間、運航管理者は空港のオフィスで飛行状況《じょうきょう》を監視《かんし》する。天候不良や事故などがあった時には、目的地の変更《へんこう》、出発空港への引き返し、飛行ルートの変更《へんこう》な

どを、パイロットと協議しながら対応する。

飛行機が到着《とうちゃく》した後は、飛行について気づいた点などをパイロットと情報交換《こうかん》する。

航空整備士

飛行機が安全に飛べるよう、点検と整備を行うのが航空整備士だ。航空機整備には、運航の合間に行う「ライン整備」、一定の飛行時間ごとに行う「ドック整備」などがある。

ライン整備では、飛行機の状況《じょうきょう》を確認し、外観を点検して、機体にへこみや傷がないか、燃料の漏《も》れがないか、タイヤは磨《す》り減っていないか、ブレーキの磨耗《まもう》具合が正常な範囲《はんい》に収まっているかなど、数々の点検項目《こうもく》をチェックする。不具合があれば、その原因を突《つ》き止め修復。修復を終えると、パイロットや客

室乗務員に状況《じょうきょう》を報告し、日誌にサインして手渡《てわた》す。

ドック整備は、一定の飛行時間ごとに飛行機を格納庫（ドック）にとめて、シートなど機内設備品を取り外し、本格的に行う整備のこと。不具合などがあれば修理や部品交換《こうかん》を行う。ドック整備は1週間から1カ月程度かかる。

航空管制官

飛行機を操縦するのはパイロットだが、めいめいのパイロットが好きな時に空港を離発《りはつ》着《ちゃく》し、好きな高度で、好きなルートを操縦しているわけではない。空には「航空路」という飛行機の通り道があり、一方通行や飛んでもいい高度が決められている。そうした規則に従って、飛行機が「どう飛ぶか」を決めるのが航空管制官だ。

具体的には、空港の管制塔《とう》で飛行機を目視し、飛行機が離陸《りりく》したり着陸したりする許可を出す。また空を飛ぶ航空機に対し、飛行経路や高度等の指示を行う。

保安検査員

空港の保安検査場で、手荷物を検査したり、ハイジャックを防止するための持ち物検査をするなど、地上から空の安全を支えるのが保安検査員だ。X線検査装置《そうち》、高性能爆発物検査装置《そうち》などのセキュリティーシステムを駆使《くし》し、保安検査を行う。

最近ではテロ事件の影響《えいきょう》で空港のセキュリティーレベルが厳しくなっており、保安検査員の重要性も増している。旅客が危険物を身につけていないか確かめるボディーチェックも増えているため、女性の保安検査員もたくさん活躍《かつやく》している。

空港で働く公務員

空港では、入国審査《しんさ》官、税関職員、航空管制官、国土交通省航空局の職員など、たくさんの公務員が働いている。

●**入国審査《しんさ》官** 日本を訪れる外国人の出入国審査《しんさ》や、在留する外国人の在留資格審査《しんさ》など各種の審査《しんさ》業務を行う。具体的には、日本に入国しようとする外国人に対してパスポートやビザが有効であること、日本で行う活動が入管法に規定する在留資格に該当《がいとう》するかなどを審査《しんさ》し、日本社会の安全を脅《おびや》かす外国人の入国を水際で阻止《そし》する。

●税関職員　税関の仕事は大きく分けて二つある。ひとつめが関税などの徴収《ちょうしゅう》、二つめが海外から持ち込《こ》まれる社会悪物品（覚醒剤《かくせいざい》などの不正薬物や武器など）を水際でせき止めることだ。海外旅行をしたことがある人は、日本の空港に到着《とうちゃく》し、スーツケースを受け取った後に税関を通ったことを覚えているだろう。ここでパスポートと税関申告書をチェックし、旅行者が不正な物品を所持していたり、税金の申告漏《も》れがないかどうか確認しているのが税関職員だ。

●検疫《けんえき》官　世界で人の往来が活発になるのに伴《ともな》い、かつては日本に存在しなかった病気が流行することが増えている。たとえば新型コロナウイルスがその一例だ。検疫《けんえき》官は、こうした普段《ふだん》は存在しない感染症《しょう》の病原体が国内に入ってきたり、まん延したりするのを防止するのが仕事だ。空港では旅行者のようすを観察し、感染症《しょう》の流行地から来た人に健康状態に関する質問票の記入を求めたりしている。症状《しょうじょう》があると判断した場合は、医師による健康相談や問診、診察《しんさつ》を行い、必要に応じて検査を実施《じっし》。また、重篤《じゅうとく》な感染症《しょう》の疑いがあれば、感染症《しょう》指定医療《いりょう》機関へ搬送《はんそう》し、隔離《かくり》・停留・消毒等といった措置《そち》をとる。

検疫《けんえき》には輸入食品監視業務や旅行者が持ち込《こ》むフルーツや肉類、あるいは生きた動物の検疫《けんえき》もあり、こちらは農林水産省の植物検疫《けんえき》所や動物検疫《けんえき》所が担当している。

航空会社の総合職

ＪＡＬやＡＮＡをはじめとする日本のエアラインは、「総合職」と呼ばれる職種を採用している。総合職の役割は、経営企画《きかく》や営業、マーケティング、広報・宣伝など多岐《たき》にわたるが、ＣＡに近いところにいるのが、現業サポート・マネジメントをしている総合職だ。「現業部門」とは、客室乗務員やパイロット、グランドスタッフなど、サービスの最前線にいる人たちのこと。こうした現業部門で働くスタッフが、楽しく、やりがいをもって仕事ができるような環境《かんきょう》をつくるのが総合職だ。具体的には、勤務スケジュール作成、部門ごとの目標設定・人事管理などのマネジメント業務などを担当している。

生活と収入

勤務時間が毎日異なるシフト制 定年まで働けるサポート制度あり

国内各地にベースがあり、海外に住む客室乗務員も

客室乗務員の住む場所は、ベースと呼ばれる拠点《きょてん》空港によって決まる。たとえばJALやANAは羽田空港、エア・ドゥは新千歳空港と羽田空港、Peachは関西国際空港・成田空港・那覇《なは》空港、ジェイ・エアは伊丹《いたみ》空港（大阪国際空港《おおさかこくさいくうこう》）という具合だ。

外資系エアラインでは、日本人客室乗務員は日本ベースということもあれば、ドバイ（エミレーツ航空《こうくう》）、香港（キャセイパシフィック航空《こうくう》）、シンガポール（シンガポール航空《こうくう》）のように外国がベースのこともある。

国内エアライン、外資系エアラインともに、客室乗務員は拠点《きょてん》空港から一定時間内に通勤できる場所に住むよう応募《おうぼ》資格に記載《きさい》されており、晴れて合格すると入社までに引っ越《こ》

すよう指示がある。

フライトスケジュールで生活が決まる

客室乗務員の生活で重要なのが、前月に発表される勤務スケジュール、すなわちフライトスケジュールだ。フライトスケジュールにはいつ、どの路線に乗務するかが書かれており、客室乗務員はそれに従って出社する。

入社後の乗務路線や休日数、フライト時間数は、会社によって大きく異なる。航空会社には国内線のみ運航している会社、国内線・国際線の両方を運航している会社、国際線のみ運航している会社の3種類ある。国際線だけに乗務するのは、外資系エアライン、ANAグループのエアージャパン、JALグループのLCCであるZIPAIRだ。国内線・国際線ともに乗務するのは、ANA、JAL、Peach、ジェットスター・ジャパン、スプリング・ジャパンの5社。それ以外のエアラインは、基本的には国内線のみに乗務する。またひと口に外資系エアラインといっても、本国と日本の都市とを結ぶ路線にのみ乗務する会社もあれば、会社が保有する全路線に乗務するエアラインもある。

公休は、ANAを例にとると年間126日＋有給休暇《きゅうか》20日（初年度より）＋リフレッシュ休暇《きゅうか》（4日）。月間のフライト時間数は、100時間程度だ。国内エアラインでは、少

なくとも年間で110日以上の休日が設定されており、しっかりと体を休めることができるようになっている。

客室乗務員には、天候や機材繰りなどによる飛行機の遅延《ちえん》やキャンセルなど、イレギュラーが起こらない限り残業はない。オンとオフがはっきりしており、有給休暇《きゅうか》も取得しやすい。ベースの異動も基本的には本人が希望しない限りはない。大企業《だいきぎょう》で総合職として勤務する人に比べれば給与《きゅうよ》は少ないが、その分旅行で見聞を広めたり、休職して留学したり、趣味《しゅみ》を極めたりとプライベートを充実《じゅうじつ》させることが可能だ。

自宅や空港で待機。スタンバイ

スタンバイとは、万が一の場合に備えて空

港や自宅で待機する業務のこと。乗務する客室乗務員の数は法律で定められており、その数を下回れば飛行機を運航できなくなる。一方、急な病気や交通機関の事故などで、当日急に休まざるをえない客室乗務員もいる。そうした時は、スタンバイをしている客室乗務員が、休んだ客室乗務員の代替《だいたい》要員としてフライトする。

スタンバイには、自宅で待機する「自宅スタンバイ」と、制服を着て空港で待機する「空港スタンバイ」の2種類がある。代替《だいたい》要員が必要になった場合、まずは空港スタンバイの客室乗務員を乗務させ、それでも足りなければ自宅スタンバイの客室乗務員が呼び出される。

図表2 ANA 客室乗務員 ある1カ月のスケジュール

1	オフ
2	羽田／
3	ロサンゼルス　ステイ
4	ロサンゼルス／
5	羽田
6	オフ
7	オフ
8	羽田／佐賀／羽田
9	羽田／伊丹／羽田／伊丹／羽田
10	羽田／大分　ステイ
11	大分／羽田
12	オフ
13	オフ
14	羽田／上海
15	上海／羽田
16	スタンバイ
17	羽田／マニラ／羽田
18	オフ
19	オフ
20	オフ
21	羽田／秋田／羽田／高松／羽田
22	有給休暇
23	オフ
24	羽田／伊丹／羽田／伊丹　ステイ
25	伊丹／羽田
26	羽田／神戸／新千歳／伊丹、その後羽田まで DH※
27	オフ
28	羽田／広島／羽田
29	羽田／福岡／羽田
30	羽田／上海／羽田

※ DH=デッドヘッド。業務中の移動のために乗客として搭乗すること。

国内エアラインは正社員採用

１９９０年代から２０１０年代にかけて、客室乗務員は契約《けいやく》社員としての採用が主流だったが、２０１４年度からＡＮＡが客室乗務員の正社員化を導入。２０１６年度にはＪＡＬが、２０１８年にはＡＩＲＤＯも客室乗務員全員を正社員にした。スカイマークやスターフライヤー、ソラシドエアも客室乗務員を正社員として採用しており、国内エアラインに限っては、契約《けいやく》社員客室乗務員のほうが少数派になってきている。

ただしＬＣＣは契約《けいやく》社員採用がほとんどだ。契約《けいやく》社員とはいえ、一定の契約《けいやく》期間を過ぎると、本人の希望と適性、勤務実績を踏《ふ》まえた上で正社員へ切り替《か》わるケースが多い。外資系エアラインは正社員採用と契約《けいやく》社員採用の会社が混在しており、「契約《けいやく》期間は４年間」「乗務は45歳《さい》まで」など期限が限定されている会社もある。

初任給は月収20万〜30万円、年収３００万〜４００万円

国内エアラインの場合、初任給は、募集要項《ぼしゅうようこう》に記載《きさい》されている。正社員客室乗務員は、月収ベースで16万円から20万円。契約《けいやく》社員の場合、時給にして１０００円から１５００円ほどだ。どちらもフライトの際は、それに乗務手当がプラスされ、宿泊《しゅくはく》（ステイ）を伴《ともな》う

パターンの場合は宿泊手当《しゅくはく》（パーディアム、アローワンス）も支給される。よって、客室乗務員は一般《いっぱん》に「飛べば飛ぶほど」支給される給与《きゅうよ》の額が増える。

また正社員の場合は、夏季・冬季に賞与《しょうよ》が出ることが多い。それらすべてを鑑みると、会社によって違《ちが》いはあるが、新卒でも月収20万〜30万円前後、年収にすると300万〜400万円前後になるようだ。ぜいたくはできないが、東京エリアでも一人暮らしができる金額である。また、伊丹空港を拠点《きょてん》とするＪＡＬグループエアライン、ジェイ・エアのように寮《りょう》を用意している会社もある。

初任給だけではなく、入社数年〜数十年後の給与《きゅうよ》を知りたいという人は、日本政府による統計サイト「e-Stat」*を見てみよう。このサイトの「賃金構造基本統計調査」で、「航空機客室乗務員　令和４年」と検索《けんさく》すると、年齢《ねんれい》や勤続年数、労働時間や賃金の平均数値を見ることができるのだ。このデータベースによると、従業員１０００人以上の航空会社（ＡＮＡ、ＡＮＡウイングス、ＪＡＬ、スカイマーク、Peach）では、客室乗務員の平均年齢《ねんれい》は35・４歳《さい》で月収は38万６７００円、年間賞与《しょうよ》は28万２７００円。一方、１００人から９９９人までの航空会社では、客室乗務員の平均年齢《ねんれい》は30・８歳《さい》で月収は32万２１００円、年間賞与《しょうよ》は15万８２００円だ。賞与《しょうよ》額が例年より少ないのは、コロナ禍《か》が影響《えいきょう》しているとみられる。ざっくりと計算すると、大手エアラインでは35歳《さい》時点で年収４９０万円ほ

＊ e-Stat　www.e-stat.go.jp

ど、中堅《ちゅうけん》エアラインでは30歳《さい》時点で400万円ほどになる。

長く働くための制度が整っている

客室乗務員の仕事は、宿泊《しゅくはく》（ステイ）があるのがあたりまえ。長距離《ちょうきょり》国際線に就航している会社では、月の3分の1程度は家を空けることもめずらしくない。

そう聞くと「結婚《けっこん》して子どもが生まれたら、客室乗務員を続けるのは難《むずか》しいのでは」と考える人もいるだろう。しかし結婚《けっこん》し、子どもを産み育てながら客室乗務員を続ける人も大勢いる。さまざまなサポート制度が整備されているからだ。特に国内エアラインでは、結《けっ》婚《こん》、出産（配偶者《はいぐうしゃ》の出産）、育児、介護《かいご》などさまざまなライフイベントを経てなお定年、そして定年後も働ける制度が整っている会社が多い。

福利厚生も手厚い。住宅手当や家賃補助、社宅・独身寮《りょう》を用意している会社もある。さらに、航空業界に特有の福利厚生として、航空券の社員割引制度が挙げられる。これは、客室乗務員やグランドスタッフを含《ふく》む航空会社や関連会社の社員を対象として、無償《むしょう》航空券や割引航空券を利用できる制度だ。募集要項《ぼしゅうようこう》には「スタッフトラベル制度」「国内・国際線優待搭乗《とうじょう》制度」などと記載《きさい》されている。勤務している本人のほか、配偶者《はいぐうしゃ》や子ども、両親にも適用される。

将来性

新規路線を展開するJAL、ANA 新しい国内エアラインも誕生

コロナ禍《か》でも雇用《こよう》を守った国内エアライン

コロナ禍《か》で航空業界が一斉《いっせい》に採用を凍結《とうけつ》し、客室乗務員の外部出向などが報道されたため、「航空業界は脆弱《ぜいじゃく》である。就職先としては心もとない」というイメージをもつ人もいるだろう。だが実際は、国内エアラインでコロナ禍《か》のため人員整理に踏《ふ》み切った会社はない。どこも雇用《こよう》を守っている。

航空業界が苦境に陥《おちい》ったのは、コロナ禍《か》がはじめてではなかった。1990年代のバブル崩壊《ほうかい》、2000年代の9・11テロ事件やリーマンショックなど、これまでも数々の苦境を乗り越《こ》えてきた。そして2023年末現在、航空業界はコロナ不況《ふきょう》を脱《だっ》しつつある。

飛行機の便数が増えれば客室乗務員も増える

飛行機一機に乗務する客室乗務員の数は、機種、座席数、乗客人数に応じて国土交通省が定める「運航規程審査《しんさ》要領」で決められている。よって、便が増えると必要な客室乗務員の数も増えるということになる。客室乗務員という仕事の将来性を占《うらな》うには、各エアラインが運航している便数がどれだけ多いのか、将来的に増えそうなのか、減りそうなのかを調べるといい。

2020年からのコロナ禍《か》で大打撃《だいだげき》を受け、長らく経営不振《ふしん》にあえいでいた航空業界だが、新型コロナウイルス感染症《しょう》の感染症《しょう》法上の位置付けが「5類感染症《しょう》」に移行し、人びとの往来が再び活発になったことで、活気を取り戻《もど》している。

2023年8月に、国内エアライン各社が発表したお盆《ぼん》期間（8月10日～20日）の利用実績によると、ANAグループ利用者は182万人。コロナ禍《か》前の2019年と比べ、約98％まで回復した。JALグループも約96％まで回復している。国際線は国内線に比べるとやや低調だったものの、2019年比で7割程度にまで回復したという。

また外国人訪日客、いわゆる「インバウンド需要《じゅよう》」も、2022年10月の水際対策緩和《かんわ》をきっかけに順調に回復している。日本政府が発表した2023年6月の訪日外国人数は、コロナ禍《か》前の2019年同月と比べると72・0％まで回復した。コロナ禍《か》前に非常に多かった中国人観光客がまだ戻《もど》っていない中でも、7割の水準を回復しているのだ。円安の影《えい》響《きょう》もあり、外国人にとって日本は旅行先としても大人気。中国人観光客が戻《もど》ってくれば、さらに訪日者数は増えるだろう。このインバウンド需要《じゅよう》は、しばらくは続くと予想される。インバウンド需要《じゅよう》が続けば、飛行機の増便や新規就航も期待できる。実際、JALは2024年度夏期から羽田／ドーハ線を開設すると発表。ANAも、2023年冬季から羽田／青島《チンタオ》線を就航し、さらにコロナ禍《か》で就航を延期していた羽田／ミラノ線、羽田／イスタンブール線などを2026年3月期までに順次開設するとしている。フライトが増えれば、客室乗務員の採用も増加していくだろう。

新しいエアラインの誕生《たんじょう》で客室乗務員採用が活発に

2024年に国内で新規エアラインが就航予定であることも明るいニュースだ。2024年2月9日に、成田／バンコク線に就航を予定しているANAグループの中距《ちゅうきょ》離《り》国際線エアラインの新ブランド「AirJapan」。「Fly Thoughtful」をコンセプトとし、フルサービスキャリアでもLCCでもない新しい空の旅を提案するとしている。2023年には制服を発表し、客室乗務員として1年以上の乗務経験がある人を対象に採用も実施《じっし》

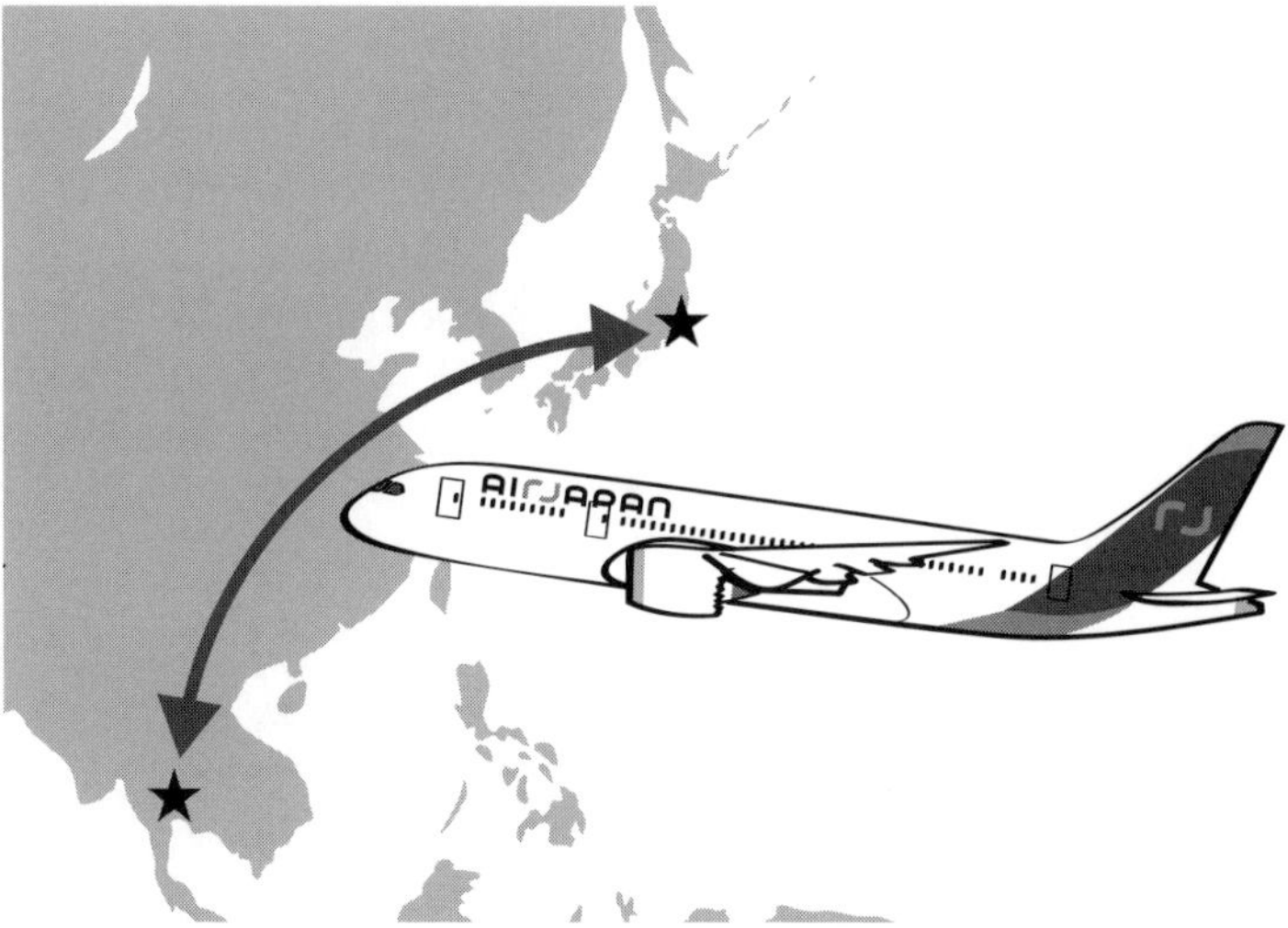

した。

今後予定通り就航し便数が増えていけば、さらに客室乗務員の採用を行うはずだ。

中東系エアラインでは日本人の採用を再開

コロナ禍《か》でも雇用《こよう》を守り、インバウンド需《じゅ》要《よう》などから将来も明るい見通しである国内エアラインに比べると、外資系エアラインの状《じょう》況《きょう》はやや厳しい。

コロナ禍《か》では、多くの外資系エアラインが日本人客室乗務員の解雇《かいこ》や雇《やと》い止めに踏《ふ》み切った。大韓航空では日本人客室乗務員を雇《やと》い止め、タイ国際航空やチャイナエアラインでは日本人客室乗務員を解雇《かいこ》。ユナイテッド航空はコロナ禍《か》による業績悪化の影響《えいきょう》で、２０

20年10月1日に成田ベースを閉鎖《へいさ》したため、米国の永住権や就労許可をもっていない日本人客室乗務員は解雇《かいこ》されている。こうしたエアラインでは、コロナ禍《か》が収束《しゅうそく》した後も日本人客室乗務員の募集《ぼしゅう》は行っておらず、今後の先行きも不透明だ。*

一方で、日本人客室乗務員を積極的に採用し始めたエアラインもある。エミレーツ航空、エティハド航空、カタール航空の中東系エアライン3社は、いち早く日本人客室乗務員の採用を再開。またシンガポール航空、キャセイパシフィック航空も2023年に日本人客室乗務員を募集《ぼしゅう》している。

女性が多い客室乗務員、自然減も毎年ある

男性も採用されるようになってきてはいるものの、客室乗務員として働く人は、まだ女性が多い。各社とも、結婚《けっこん》や出産した後も働き続けられるよう制度を整えているとはいえ、結婚《けっこん》・出産・配偶者《はいぐうしゃ》の転勤などのライフイベントを理由に退職する人は毎年一定数いる。こうした自然減は必ずあり、退職する人が突然《とつぜん》減少するとは考えにくい。自然減を補うためにも、客室乗務員の採用は引き続き期待できそうだ。

＊ただし、大韓航空は2023年11月に再び日本人CAの募集を発表した。

2023年には各社が給与《きゅうよ》をベースアップ

将来性について考えるなら、客室乗務員の給与《きゅうよ》面にも注目したい。近年、物価の上昇《じょうしょう》がいちじるしいが、多くの中小企業《きぎょう》では給与《きゅうよ》アップまで追いついていないのが現状だ。生活が苦しい、というニュースをみなさんもテレビや新聞で目にしたことがあるだろう。

けれども航空会社はいち早く給与《きゅうよ》のベースアップを行っている。JALでは2023年、グループ会社を含《ふく》めて7000円（平均で約2・5％）のベースアップを実施《じっし》した。これは、JAL労働組合が要求した6000円を上回るものだった。ANAでも、過去30年でもっとも高い水準となる6000円のベースアップが実施《じっし》されている。

航空会社は国を代表する大企業《だいきぎょう》であることがほとんどだ。法律を順守することはもちろん、給与《きゅうよ》アップや多様性を大切にするなど、よき企業《きぎょう》市民として従業員の働く環境《かんきょう》を率先して整えている。たとえば、日本の女性管理職の割合は国際的に見て低い水準にあるにもかかわらず、JALの客室本部では管理職の女性比率が9割以上を占《し》める。きちんと整備された環境《かんきょう》で定年まで会社員人生をまっとうでき、希望次第では管理職への道も拓《ひら》けている。それが、客室乗務員という職業のよさであり、将来性のある職業だというゆえんだ。

3章

なるにはコース

適性と心構え

身長、視力、英語力は必須 面接では人柄が重視される

矯正《きょうせい》視力1・0以上は必須《ひっす》、身長が高めの人が多い

客室乗務員になるために必須《ひっす》の身体条件がある。それは「身長」と「矯正視力《きょうせいしりょく》」だ。

2007年に施行《しこう》された改正男女雇用《こよう》機会均等法により、国内では「労働者の募集《ぼしゅう》、採用にあたって、労働者の身長、体重または体力を要件とすること」が禁止されている。そのため国内エアラインでは、募集要項《ぼしゅうようこう》には身長の規定がない。しかし、実際に飛行機を利用してみるとわかるように、客室乗務員で身長が低い人はほとんど見当たらない。また外資系エアラインでは、「アームリーチ」として、つま先立ちで手を伸《の》ばして届く高さを応《おう》募《ぼ》資格に定める会社が多い。アームリーチの規定は208㎝、212㎝など会社によって違《ちが》うが、208㎝でも身長150㎝台前半の人が届くのは相当に難《むずか》しい。

客室乗務員に身長が高い人が多いのは、頭上の手荷物収納棚《だな》に不審《ふしん》物がないかなど確認する時に、身長が高いほうが確実にチェックできるからという保安上の理由からだ。ただし、ボーイング737やエアバスA320など小型機では、身長が低めでも手荷物収納棚《だな》を無理なく確認できる。身長が低めの人は、小型機を運航している航空会社を志望するといい。

かつては「裸眼《らがん》視力1・0以上」と規定するエアラインもあったが、2023年現在ではほぼすべてのエアラインで「矯正《きょうせい》視力1・0以上」なら応募《おうぼ》資格を満たしている。ただし多くのエアラインでは眼鏡《めがね》が禁止されており、矯正《きょうせい》視力＝コンタクトレンズをつけた状態での視力だということに注意が必要だ。

面接が最重要ポイント。「人となり」が重視される

矯正《きょうせい》視力と身長を満たした上で、客室乗務員の採用試験で重視されるのが志望者の「人となり」だ。志望者の「人となり」を判断するため、採用試験でもっとも重点が置かれているのは面接であり、2回から3回の面接が実施《じっし》されるのが一般的《いっぱんてき》である。「人となり」ははっきりと点数化できるものではないため、どんなことが求められているかを正確に知るのはなかなか難しいが、現役客室乗務員や採用担当者の話を聞くと、客室乗務員に求め

られる適性として以下のことがらが挙げられる。

身だしなみと笑顔《えがお》

私たちが航空機を利用する際《さい》、もっとも長い時間接する航空業界のスタッフが客室乗務員だ。客室乗務員が感じよく、プロフェッショナルな接客をしてくれればその航空会社に対するイメージはよくなり、逆であればイメージは悪くなる。客室乗務員の行動ひとつで、利用する航空会社に対するイメージがガラリと変わることもあり得るのだ。

乗客によい印象を与《あた》えるために大切なのは、「身だしなみ」と「笑顔《えがお》」である。飛行機に乗って客室乗務員を観察してみると、身だしなみがきちんとしており、いつも笑顔《えがお》でいることに驚《おどろ》くはずだ。

客室乗務員は子どもから老人まで幅広《はばひろ》い世代の人と接するため、どんな世代にも受け入れられる清潔感ある「身だしなみ」が求められる。各会社に自社の求めるイメージに添《そ》った身だしなみのガイドラインがあり、茶髪《ちゃぱつ》や過度なメイクは禁止されている。入社後の社員研修で、ヘアスタイルやメイクなどを学ぶレッスンを実施《じっし》しているほどだ。採用試験の面接でも、身だしなみと笑顔《えがお》は面接官にしっかりチェックされている。

また、「笑顔《えがお》」も客室乗務員にとって不可欠なものだ。笑顔《えがお》でいるくらい簡単なのでは、

と思うかもしれないが、国内線乗務の際《さい》には一日に1000人の乗客に対応することもある。また希望していた機内食が品切れの時など、客室乗務員に怒《いか》りをぶつけてくる乗客もいる。疲《つか》れていても、怒鳴《どな》られてショックを受けても、プライベートでつらいことがあっても、仕事をする時にはずっと笑顔《えがお》でいなければならない。ずっと笑顔《えがお》でいるには、かなりの精神力が必要なのだ。

コミュニケーション能力

客室乗務員には、コミュニケーション能力が求められる。ここでいう「コミュニケーション能力」とは、初対面の人とチームワークよく働き、楽しく会話できる能力のことだ。

客室乗務員は一般《いっぱん》企業《きぎょう》のように、毎日同じ

メンバーと毎日同じ時間に働くことはない。航空会社によっては「班」や「グループ」が結成され、同じ班やグループのメンバーといっしょにフライトすることはあるものの、ほぼ毎回、初対面の人とフライトをする。初対面の人ともすぐに打ち解け、力を合わせて仕事をすることが求められる。

自己管理能力

健康な体と、シフト制で不規則な生活でも体調をしっかり管理できる自己管理能力も、客室乗務員にとって不可欠である。

客室乗務員は、国際線乗務なら昼夜関係なく24時間体制で乗務し、なおかつ時差を克服《こくふく》しながらの生活になる。国内線乗務でも、朝5時に出社する早朝便もあれば、夜23時頃《ころ》目的地に到着《とうちゃく》する夜便もある。日によってまったく違《ちが》う乗務スケジュールが組まれているため、どうしても生活時間が不規則になりがちだ。そんな中でも、翌日起床《きしょう》する時間から逆算してしっかり睡眠《すいみん》時間を確保する、なるべく自炊《じすい》をしてバランスのよい食生活を心がけるなど、体調をしっかり管理することが求められる。

英語力

英語力も必要である。JALやANAなど国内エアラインでは「TOEIC600点以上」が求められ、外資系エアラインになるとTOEIC800点以上の英語力をもつ人も多い。

外資系エアラインで高い英語力が求められるのは、入社後の訓練はすべて英語で行われ、いっしょに乗務するのも外国人客室乗務員だからだ。英語ができない日本人乗客と外国人客室乗務員の橋渡《はしわた》し役を務める場面も多く、英語ができなければ仕事に支障をきたす。

国内エアラインでも、JALやANAでは外国人客室乗務員が在籍《ざいせき》しており、彼《かれ》らといっしょに乗務する場合はブリーフィングも英語で実施《じっし》される。またコクピットクルーが外国籍《せき》ということも増えており、その場合コクピットクルーとのやりとりは英語になる。さらに外国人旅行客が増加している昨今では、乗客とのコミュニケーションにも英語が必要なのだ。

国内エアライン21社 外資系エアライン約20社が採用

客室乗務員を採用するのは航空会社

客室乗務員を採用しているのは、航空会社である。客室乗務員になりたいと思ったら、航空会社にアプローチすればよい。２０２３年11月現在、定期便を運航し、客室乗務員を採用している会社は、国内エアライン21社、外資系エアライン約20社の合計40社ほどである。

国内エアライン

誰《だれ》もが知っているＪＡＬ、ＡＮＡをはじめとして、日本には定期便を運航し、なおかつ客室乗務員を採用しているエアラインが21社ある。これら21社はすべて独自に客室乗務員を採用している。

志望する会社を決める時に気をつけたいのが、居住地である。それぞれに本拠《ほんきょ》地として いる空港（ベース）があり、客室乗務員はベースの近くに住まなければならない。以下に、客室乗務員を採用する国内エアラインの一覧と、会社ごとのベースを記載《きさい》しておくので参考にしてほしい。

なお、ベースが複数ある航空会社では、入社時に希望を出せることが多い。ただし、希望が通らないこともあれば、複数あるベースのうち１カ所限定で募集《ぼしゅう》がかかる場合もある。

●ＪＡＬグループ

ＪＡＬ（羽田《はねだ》空港）、ジェイ・エア（伊丹《いたみ》空港）、日本《にほん》トランスオーシャン航空《こうくう》（那覇《なは》空港）、琉球《りゅうきゅう》エアーコミューター（那覇《なは》空港）、日本《にほん》エアコミューター（鹿児島《かごしま》空港）、北海道《ほっかいどう》エアシステム（丘珠《おかだま》空港）、ZIPAIR（成田空港）、ジェットスター・ジャパン（成田空港、中部《ちゅうぶ》国際《こくさい》空港）、スプリング・ジャパン（成田空港）

●ＡＮＡグループ

ＡＮＡ（羽田空港）、ＡＮＡウイングス（羽田空港、中部国際空港、伊丹空港、福岡《ふくおか》空港）、エアージャパン（成田空港）、Peach（関西国際《かんさいこくさい》空港、成田空港、那覇空港）

●その他のエアライン

スカイマーク（羽田空港、神戸《こうべ》空港）、ＡＩＲＤＯ（新千歳《しんちとせ》空港、羽田空港）、ソラシドエア（羽田空港）、スターフライヤー（北九州《きたきゅうしゅう》空港。ただし羽田空港に出社できる制度あり）、フジドリームエアラインズ（富士山静岡《ふじさんしずおか》空港、名古屋小牧《なごやこまき》空港）、ＩＢＥＸエアラインズ（仙台《せんだい》空港）、オリエンタルエアブリッジ（長崎《ながさき》空港、福岡空港）、天草《あまくさ》エアライン（天草空港）

外資系エアライン

日本に乗り入れる外資系エアラインは80社を超《こ》えるものの、そのすべてが日本人客室乗務員を採用しているわけではない。外資系エアラインのうち、日本人客室乗務員を採用しているのは２０２３年11月現在20社ほどだ。

実はコロナ禍《か》以前は、もっと多くの外資系エアラインが日本人客室乗務員を採用していた。ところがコロナ禍《か》のため国際線は軒並《のきな》み休便・減便に。日本政府は他国に比べて比較《ひかく》的《てき》長く渡航《とこう》制限を実施《じっし》していたこともあり、訪日外国人だけでなく、日本から外国への渡《と》航《こう》者数もぐっと減ってしまった。

外資系エアラインが日本人客室乗務員を採用するのは、文化や言語、習慣が他諸国とは大きく違《ちが》う日本人乗客のケアをするためという意味合いが強い。日本人が飛行機を利用しないのならば、日本人客室乗務員も必要がない、と考えるエアラインもある。またコロナ禍《か》による経営難で、自国籍《こくせき》を含《ふく》め大量の客室乗務員解雇《かいこ》に踏《ふ》み切ったり、日本ベースを閉鎖《さ》した外資系エアラインも多かった。そのためタイ国際航空《こくさいこうくう》、チャイナ エアライン（台《タイ》北《ペイ》ベースを除く）、ユナイテッド航空《こうくう》などからは日本人客室乗務員の姿が消えた。

ただし、エミレーツ航空《こうくう》、エティハド航空《こうくう》、カタール航空《こうくう》など中東系エアライン、またシンガポール航空《こうくう》やキャセイパシフィック航空《こうくう》などアジア系エアラインでは、コロナ禍《か》後に日本人客室乗務員の採用を行っている。ほかのエアラインでも、今後、日本路線の新規開設や増便、欠員が生じた場合などに、日本人を対象に客室乗務員の募集《ぼしゅう》を再開する可能性はある。

また、外資系エアラインではごく少数ではあるものの、派遣《はけん》会社から航空会社に派遣《はけん》されているスタッフもいる。たとえばＪＡＬの元客室乗務員が始めた人材派遣《はけん》会社、株式会社ＴＥＩが、中南米航空会社の客室乗務員を募集《ぼしゅう》することがある。

外資系エアラインでも、ごく一部の例外を除き、客室乗務員はベースである空港から一定時間内で通勤できるところに住むよう指定される。外資系エアラインの場合、日本ベースではなく海外ベースであることも多く、その場合は海外に引っ越《こ》さなくてはならない。

新卒採用と既卒《きそつ》採用

客室乗務員の採用は、各社が募集《ぼしゅう》を発表するところから始まる。募集《ぼしゅう》が発表されるのはホームページ上であることがほとんどだ。募集要項《ぼしゅうようこう》の応募《おうぼ》資格を確認し、合致《がっち》していれば応募《おうぼ》することができる。

国内エアラインでは、多くの会社で新卒定期採用を実施《じっし》している。例年、3月1日以降に募集《ぼしゅう》が発表され、その後書類選考を経て6月頃《ころ》から面接が始まり、夏に内々定が出るというスケジュールだ。国内エアラインの新卒採用は時期が決まっているため、把握《はあく》しやすいといえるだろう。ただし、客室乗務員経験者のみを対象に募集《ぼしゅう》するエアージャパンは新卒者を採用した実績がない。

また地方拠点《きょてん》の小規模なエアラインでは、「定期採用」ではなく、後述の既卒《きそつ》採用の際に新卒者も対象とすることが多い。

国内エアラインでは既卒《きそつ》採用も活発に行われている。JALやANAでは、コロナ禍《か》を除くとほぼ毎年数百人規模で既卒《きそつ》採用を実施《じっし》しているし、LCCや地域航空会社（リージョナルエアライン）など小さい航空会社ほど既卒《きそつ》採用の比重が高い傾向《けいこう》にある。

一方、外資系エアラインでは、新卒者を対象に採用を行うのはシンガポール航空のみ。その他の航空会社はすべて既卒《きそつ》者が対象だが、「会社が指定する時期に入社できるのなら、新卒者も応募《おうぼ》可」としているエアラインもある。また、エールフランス航空《こうくう》のように、客室乗務員経験者のみを対象に採用を行う会社もあり、さらにはハワイアン航空《こうくう》など、日本でも募集《ぼしゅう》発表をするものの、米国での労働許可証をもっている人だけが対象ということもあるので注意が必要である。

国内エアライン、外資系エアラインとも、既卒《きそつ》者採用の場合、決まった募集《ぼしゅう》発表スケジュールはない。欠員があった時に募集《ぼしゅう》が発表されるため、いつ採用があるのかはわからないのだ。いつ募集《ぼしゅう》が発表されてもよいように、日頃《ひごろ》から自分のプロフィール（履歴《りれき》書の個人情報と経歴にあたる部分）を整理しておき、志望する会社の志望動機と自己ＰＲはあらかじめつくっておこう。

採用試験は書類選考と2~3度の面接と健康診断《しんだん》

募集《ぼしゅう》発表後は、書類選考を経て2~3度の面接と身体検査が行われる。グループ面接、グループディスカッション、グループワーク、個人面接、英語面接など面接の内容はさまざまだ。また、乗務に支障のない健康状態であるかを審査《しんさ》するため、健康診断《しんだん》や体力テストも実施《じっし》されている。外資系エアラインのなかには、水泳テストを行う会社もある。

客室乗務員は、言わずとしれた人気職業である。倍率が20倍、30倍になることも決してめずらしくない。そこで大切なのが、受験対策だ。どの会社でも必ずといっていいほど「数あるエアラインのなかでなぜ弊社《へいしゃ》を志望するのか」「弊社《へいしゃ》であなたのどんなところを活かせるのか」という質問をされる。身だしなみを整えることはもちろん、企業《きぎょう》研究と自己分析《ぶんせき》をしっかりしておこう。外資系エアラインの面接は英語で行われるので、質疑応答シミュレーションを英語でやっておくことも重要だ。

教育訓練について

新入社員訓練から管理職教育まで客室乗務員でいる限り訓練は続く

約2カ月におよぶ新人訓練

客室乗務員の採用試験に合格し、入社の日を迎《むか》えてもその日から乗務できるわけではない。まずは「訓練生」として初期訓練（新人養成訓練）を受け、試験に合格してはじめてフライトできるようになる。

国内エアラインの初期訓練は2〜3カ月ほど。その間は朝9時から夕方17〜18時まで、訓練センターに毎日通って指導を受ける。まずは保安訓練、その後サービス訓練を実施《じっし》する航空会社が多い。

ＪＡＬやＡＮＡなど大手エアラインは自社で訓練施設《しせつ》をもっているが、訓練施設《しせつ》をもっていない航空会社もある。その場合は、訓練施設《しせつ》を借りたり、実機を使って保安訓練をしたり、自社の事務室を客室に見立ててサービス訓練を行ったりしている。

ここではJALやANAなど大手エアラインを参考に、入社後にどんな訓練が行われるのかを解説しよう。

国内線新人養成訓練

客室乗務員として採用されると、まず全職種共通の新入社員教育を受け、自社の経営理念や社員共通の心構えを学ぶ。新入社員教育が終了《しゅうりょう》すると、客室乗務員としての新人養成訓練をスタート。JALの場合、まずは国内線について約2カ月間学ぶ。

●保安訓練

前半は安全に関する訓練に時間が割かれる。旅客機ごとに異なるドアの操作方法やスライドシュートを使った緊急《きんきゅう》脱出、機内でケガ人や急病人が発生した場合の応急救護、そして機内火災への対処など、その内容は多岐《たき》にわたる。サービス訓練とは違《ちが》い、笑顔《えがお》が入る余地はほとんどない。訓練の厳しさは多くの志望者の想像以上である。

●サービス訓練

後半にはサービス訓練に入る。この時ようやくあこがれの制服を着ることができ、「モックアップ」と呼ばれる客室を模した設備でドリンクサービスなどを学ぶ。ロールプレイ

では訓練生および教官が乗客役をし、「メニューに載《の》っていないドリンクがほしい」「ジュースをこぼされた」など、ありとあらゆるシーンを想定してその対応を学ぶ。教官からは、改善すべき点やよくできた点についてフィードバックがある。

保安訓練、サービス訓練ともに試験が実施《じっし》され、合格点を取らなければつぎのステップに進むことができない。国内エアラインでは追試を受けることができるが、外資系エアラインでは試験で合格点を取れなければその場で不合格になり、帰国させられてしまうこともある。

●ヘアメイクレッスン

乗客によいサービスを提供するためには、第一印象が大切だ。そのため客室乗務員の制服の着こなしやヘアメイクには、会社ごとにルールがある。そこで新人養成訓練では、各社のマニュアルにのっとったヘアメイクのレッスンが実施《じっし》されている。シンガポール航空のように、アイシャドウや口紅の色番が指定されるエアラインもある。

●ＯＪＴ

保安訓練やサービス訓練の試験に合格した後は、実際にフライトで実地訓練（ＯＪＴ＝On the Job Training）をする。ＯＪＴでは新人訓練生ひとりに先輩《せんぱい》の客室乗務員ひとりが付き、みっちりとサービスや保安について指導される。ＯＪＴの間は「客室乗務員」としてはみなされないため、法律で決められている数＋αの「編成外乗務員」として乗務する。このＯＪＴに合格すると晴れて客室乗務員としてひとり立ちし、乗務できるようになる。

国際線移行訓練

国内線に比べると、国際線ではアルコールを取り扱《あつか》うようになり、ミールサービスや免《めん》税《ぜい》品販売《はんばい》も始まるなどサービスアイテムの数が飛躍的《ひやくてき》に増える。そこでＪＡＬをはじめとして、「まずは国内線、フライトに習熟したら国際線に乗務する」というシステムをとる会社は多い。国際線に乗務する前に受けるのが、「国際線移行訓練」だ。

国際線移行訓練では、出入国管理や税関、アルコールや食事のサービス、免税《めんぜい》品の取り扱《あつか》いといった国際線ならではの知識と業務の流れを学ぶ。初期訓練と同じく、毎日朝から夕方まで授業があり、週末を含《ふく》めると国際線移行訓練は約1カ月間続く。たとえばリカー（酒類）についての授業なら、「白ワインの味わいは甘口《あまくち》・辛口《からくち》で表現しますが、ではワインはどう表現しますか？」「ワインのラベルはお客さまに見えるように持ち、その特徴《とくちょう》などもお伝えするように」など、先輩《せんぱい》の客室乗務員が実践的《じっせんてき》に指導。また国際線では国内線よりも重くて大きいサイズのカートを使用するため、それに備えた身体づくりや基本的な姿勢も指導される。

ビジネスクラス・ファーストクラス訓練

国際線移行訓練を経て最初に乗務するのはエコノミークラスであり、その後業務に習熟したと判断されるとビジネスクラスやファーストクラスにも乗務できるようになる。ビジネスクラス、ファーストクラスとも、乗務する前には訓練が行われる。シートの設備や提供する食事の情報を学ぶだけでなく、乗客のニーズを想定したサービス訓練が行われている。

たとえばＪＡＬのファーストクラス訓練では、本物の機内食を使って盛り付けの実習が行われる。ＪＡＬの国際線ファーストクラスで提供される機内食は、日本を代表するスターシェフによって監修《かんしゅう》されている。その食材や調理方法について学び、温度や品質に注意を払って最良の状態で提供しなくてはならない。路線ごとにメニューが違《ちが》い、またフライトごとに食材の状態も異なるので、シェフの意図や想いを想像しながら、それをいかに料理として完成させられるかが問われる。

ファーストクラスに乗務できるようになる時期はエアラインによって違《ちが》い、ＡＮＡでは一機のチーフパーサーとして乗務できるようになった後だが、ＪＡＬではチーフパーサー資格を取得する前でも乗務できる。

定期救難訓練

航空会社にとって安全運航は何よりも優先すべき事項《じこう》であり、それを支えるのが保安要員として乗務している客室乗務員だ。そのため新人養成訓練だけでなく、毎年1回の定期救難訓練（リカレント訓練）を行うことが航空法で定められている。どんなにベテランの客室乗務員であっても定期救難訓練は必ず受けて合格しなければならず、合格できなければ乗務停止になってしまう。

安全訓練は、機内での安全保安業務および急病人対応などの日常安全訓練と、不時着などに備えた救難訓練に大きく分けられる。救難訓練では教官による緊急脱出《きんきゅうだっしゅつ》のデモンストレーションがある。機内の安全ビデオなどで単に知識として理解するだけでなく、実際に体を動かして実行できるようにすることが訓練の大きな目的だ。

このほか、責任者として客室全体を統括《とうかつ》するチーフパーサーになるための訓練や、管理職になるための教育もある。客室乗務員である限り、訓練は続くのだ。

就職の実際

コロナ禍を経て客室乗務員採用が活発化

現在は採用が再開

2020年から2022年まで、航空業界はコロナ禍《か》による大打撃を受けた。その間は国内エアライン、外資系エアラインともに、客室乗務員の採用がほぼ全面的にストップした。

しかし、コロナ禍《か》を経て客室乗務員の採用は再開されている。2023年に発表された募集《ぼしゅう》情報を基に、客室乗務員が何名ほど採用されているのかを見てみよう。

国内エアラインではほぼコロナ禍《か》以前の水準に

客室乗務員をもっとも多く採用しているのは国内エアライン、なかでもJALとANA

という日本を代表するエアライン2社である。ＪＡＬは２０２２年に、ＡＮＡは２０２３年から客室乗務員の採用を再開。新卒者、既卒《きそつ》者ともに、毎年数百名単位の募集《ぼしゅう》を発表している。

そのほかのエアラインでも、２０２３年は軒並《のきな》み客室乗務員の採用が実施《じっし》された。２０２３年３月以降に客室乗務員の募集《ぼしゅう》を発表したエアラインの募集要項《ぼしゅうようこう》を基に、採用数がどれくらいあったのかを紹介《しょうかい》しよう。

・ＡＮＡ　新卒４３０名予定、既卒《きそつ》１５０名程度予定
・ＪＡＬ　新卒３５０名程度、既卒《きそつ》１８０名程度
・Peach　新卒・既卒《きそつ》合計で１００名程度
・スカイマーク　新卒26〜30名、第二新卒30名程度、第二新卒二次募集《ぼしゅう》もあり
・エア・ドゥ　新卒21〜25名
・ソラシドエア　新卒26〜30名
・AirJapan　客室乗務員経験者96名程度
・ZIPAIR　新卒・既卒《きそつ》合計で１２０名程度

国内エアラインで、採用数を募集要項《ぼしゅうようこう》に明記していたのは以上8社。この8社だけで、１５００名以上の客室乗務員が２０２３年に採用されたことになる。このほかジェイ・エ

ア（新卒者のほか、客室乗務員経験者、ＪＡＬグループ経験者の３回募集《ぼしゅう》を発表）が「相当数」を、日本トランスオーシャン航空、日本エアコミューター、ＩＢＥＸエアラインズ、北海道エアシステム、琉球エアーコミューター、オリエンタルエアブリッジが各「若干名」の募集《ぼしゅう》を発表。また採用数を明記していないものの、ＡＮＡウイングス、フジドリームエアラインズ、ジェットスター・ジャパン、スターフライヤーも客室乗務員の採用を実施《じっ し》した。「若干名」とはいえ20名以上の規模であることがほとんどなので、すべて合わせると、おそらくは２０００名ほどの客室乗務員が誕生《たんじょう》しているとみられる。

これは、コロナ禍《か》前の水準とほぼ同数であり、今後もよほどのことがない限りこの規模での採用が続くと考えられる。

外資系エアラインでも採用が再開されている

一方、外資系エアラインの採用数はコロナ禍《か》前の水準に戻《もど》っているとはいえない。しかしキャセイパシフィック航空、香港《ホンコン》エクスプレス、マレーシア航空《こうくう》のように、コロナ禍《か》後はじめて採用を再開したエアラインもある。また、複数回募集《ぼしゅう》を発表した会社もある。

２０２３年3月以降に客室乗務員募集《ぼしゅう》を発表した外資系エアラインは以下の通りだ。

・キャセイパシフィック航空（３月と10月の二度募集《ぼしゅう》を発表）

・カタール航空（4月と8月の二度募集《ぼしゅう》を発表）
・エミレーツ航空（4月と8月の二度募集《ぼしゅう》を発表）
・エティハド航空
・香港エクスプレス（4月と8月の二度募集《ぼしゅう》を発表）
・香港航空
・シンガポール航空
・マレーシア航空
・大韓航空《だいかんこうくう》
・中南米航空会社（派遣《はけん》会社である株式会社TEIで募集《ぼしゅう》）

外資系エアラインでは募集《ぼしゅう》発表の際、採用数を明記することがまずない。そのため具体的な採用数はわからないが、たとえばキャセイパシフィック航空では、「数百名規模の募《ぼ》集《しゅう》」とされている（出典：イカロス出版《しゅっぱん》刊、月刊『エアステージ』2023年7月号）。カタール航空、エミレーツ航空、香港エクスプレスで募集《ぼしゅう》が二度発表されていることを鑑《かんが》みると、あくまでも推測ではあるが、300名ほどは採用されているのではないかと考えられる。

以上、国内エアラインと外資系エアラインを合計すると、2023年3月〜8月末日ま

での約半年間で２３００名ほどの客室乗務員が採用されていることになる。

募集はウェブサイトで検索《けんさく》

客室乗務員の募集《ぼしゅう》が発表されるのは、国内エアライン、外資系エアラインとも自社ウェブサイトが多い。各社の採用*ウェブサイトをチェックしておけば、ほぼ１００％募集《ぼしゅう》情報をキャッチすることができる。ＪＡＬグループ、ＡＮＡグループの会社であれば、グループ企業《きぎょう》の採用情報ウェブサイトでも募集《ぼしゅう》が発表される。さらにＪＡＬやＡＮＡでは、採用を実施《じっし》することをまず発表するのはプレスリリースである。ＪＡＬ、ＡＮＡに限っていえば、プレスリリースの受信登録をしておけば募集《ぼしゅう》を必ずキャッチできる。

ただし、国内エアラインのなかには注意が必要な会社もある。特に新卒者や第二新卒者限定で採用を行う場合、自社のウェブサイトではなく、「リクナビ」「マイナビ」「Ｒｅ就活」など、就職情報ポータルサイトを使って募集《ぼしゅう》を発表することがあるからだ。その場合、自社ウェブサイトを見ているだけでは募集《ぼしゅう》を見逃《みのが》してしまう。大手就職情報ポータルサイトには登録するようにしておこう。

ただ、すべての会社について、ホームページや就職情報ポータルサイトで採用情報をチェックするのは大変だという人もいるだろう。そんな人は、「クルーネット」*というウェブサイトがおすすめだ。会員登録しておけば、募集《ぼしゅう》が発表された際にメールアドレスに通知してくれる。

＊ＪＡＬ採用サイト　https://www.job-jal.com/
＊ＡＮＡ採用サイト　https://www.ana.co.jp/group/recruit/ana-recruit/
＊クルーネット　https://www.join-crew.net/

フローチャート　客室乗務員

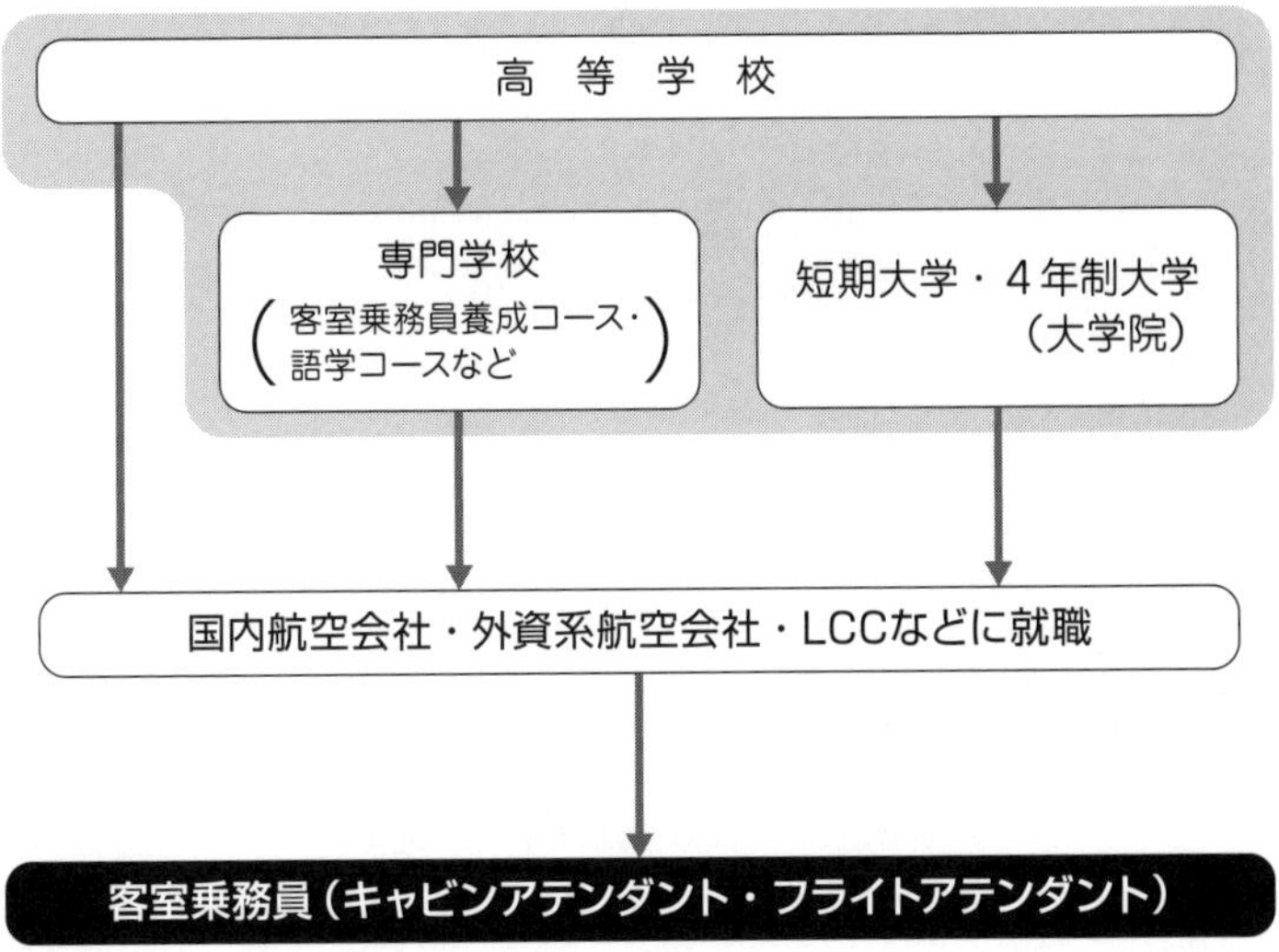

なるにはブックガイド

月刊『エアステージ』

イカロス出版

航空業界就職をめざす人のための月刊就職情報誌。客室乗務員とグランドスタッフをメインに、現役スタッフや採用担当者のインタビュー、仕事ドキュメントを紹介している。JALグループ、ANAグループをはじめ、外資系エアラインのCAも多数登場。毎月28日発行。

男子客室乗務員になる本

イカロス出版

女性ばかりの職業と考えられてきたCAだが、令和に入り、男子CAが続々と誕生している。日本のエアラインや外資系エアラインの男性CAになるためのノウハウが満載。現役男子CAインタビュー、フライト、採用のある航空会社一覧、応募書類作成方法も。男性志望者待望の一冊。

エアライン制服図鑑
1951-2023　日本と世界のエアライン制服ヒストリー

京極祥江著
イカロス出版

日本のエアライン、世界のエアラインの、のべ80社のエアライン制服の変遷をたどる本。創刊から38年にわたってエアライン制服を追い続けてきた月刊『エアステージ』と著者による、エアライン制服の歴史と知識の集大成。制服の正面のデザインだけでなく、後ろ姿も掲載。永久保存版資料。

空港で働く人たち

中村正人著
ぺりかん社

さまざまな場所で働く人たちから、働く喜びについて聞く「しごと場見学!」シリーズの1冊。客室乗務員はもちろんのこと、パイロットやグランドスタッフ、ふだん目にすることのない航空管制官や航空整備士まで、空港のプロフェッショナルたち12人が総登場!

職業MAP! 興味があるのはどの仕事?

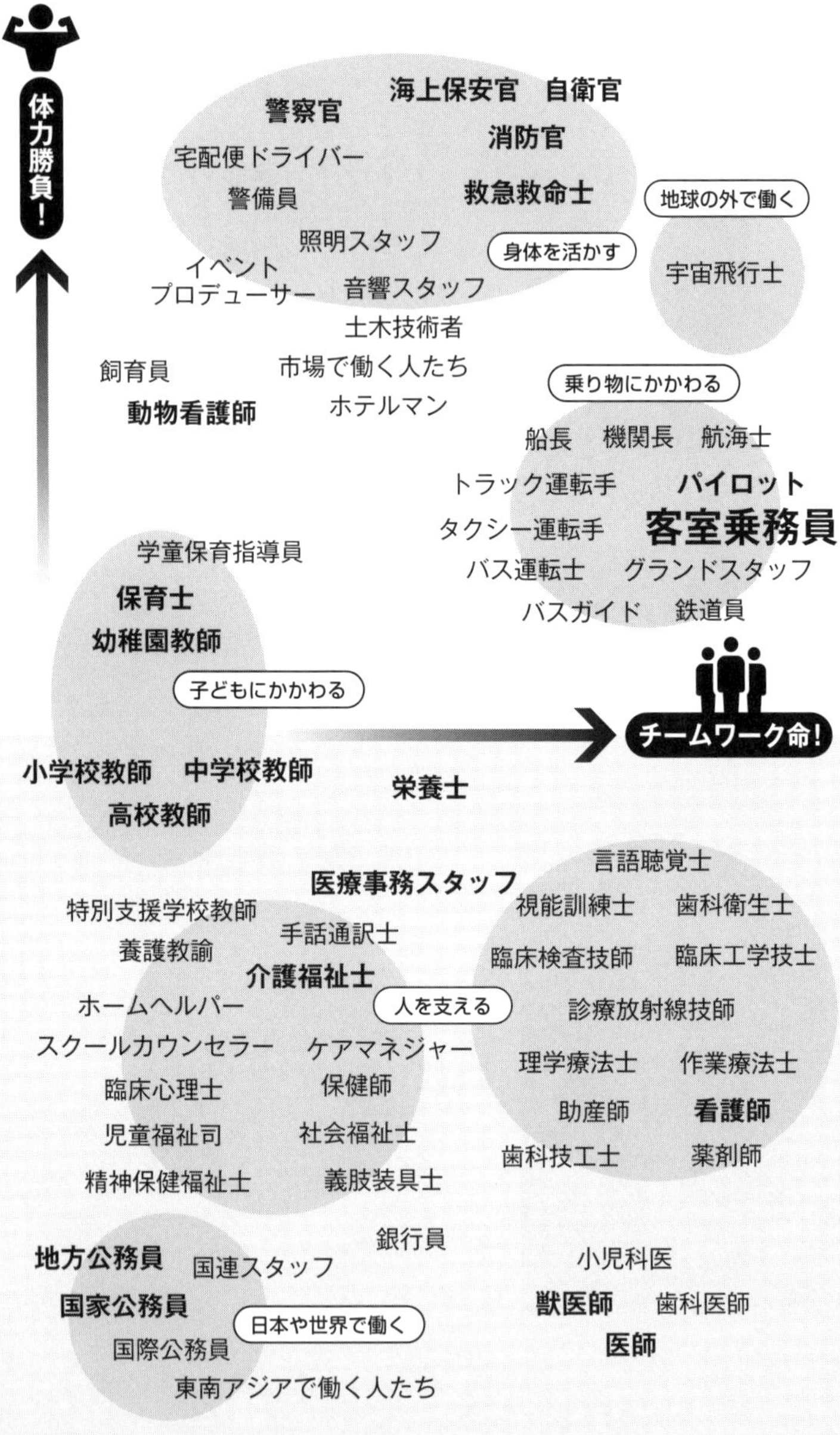
体力勝負!
チームワーク命!
身体を活かす
警察官
海上保安官
自衛官
消防官
宅配便ドライバー
警備員
救急救命士
照明スタッフ
イベントプロデューサー
音響スタッフ
土木技術者
地球の外で働く
宇宙飛行士
飼育員
動物看護師
市場で働く人たち
ホテルマン
乗り物にかかわる
船長
機関長
航海士
トラック運転手
パイロット
タクシー運転手
客室乗務員
バス運転士
グランドスタッフ
バスガイド
鉄道員
子どもにかかわる
学童保育指導員
保育士
幼稚園教師
小学校教師
中学校教師
高校教師
栄養士
人を支える
医療事務スタッフ
特別支援学校教師
養護教諭
手話通訳士
介護福祉士
ホームヘルパー
スクールカウンセラー
ケアマネジャー
臨床心理士
保健師
児童福祉司
社会福祉士
精神保健福祉士
義肢装具士
言語聴覚士
視能訓練士
歯科衛生士
臨床検査技師
臨床工学技士
診療放射線技師
理学療法士
作業療法士
助産師
看護師
歯科技工士
薬剤師
日本や世界で働く
地方公務員
国連スタッフ
国家公務員
国際公務員
東南アジアで働く人たち
銀行員
小児科医
獣医師
歯科医師
医師

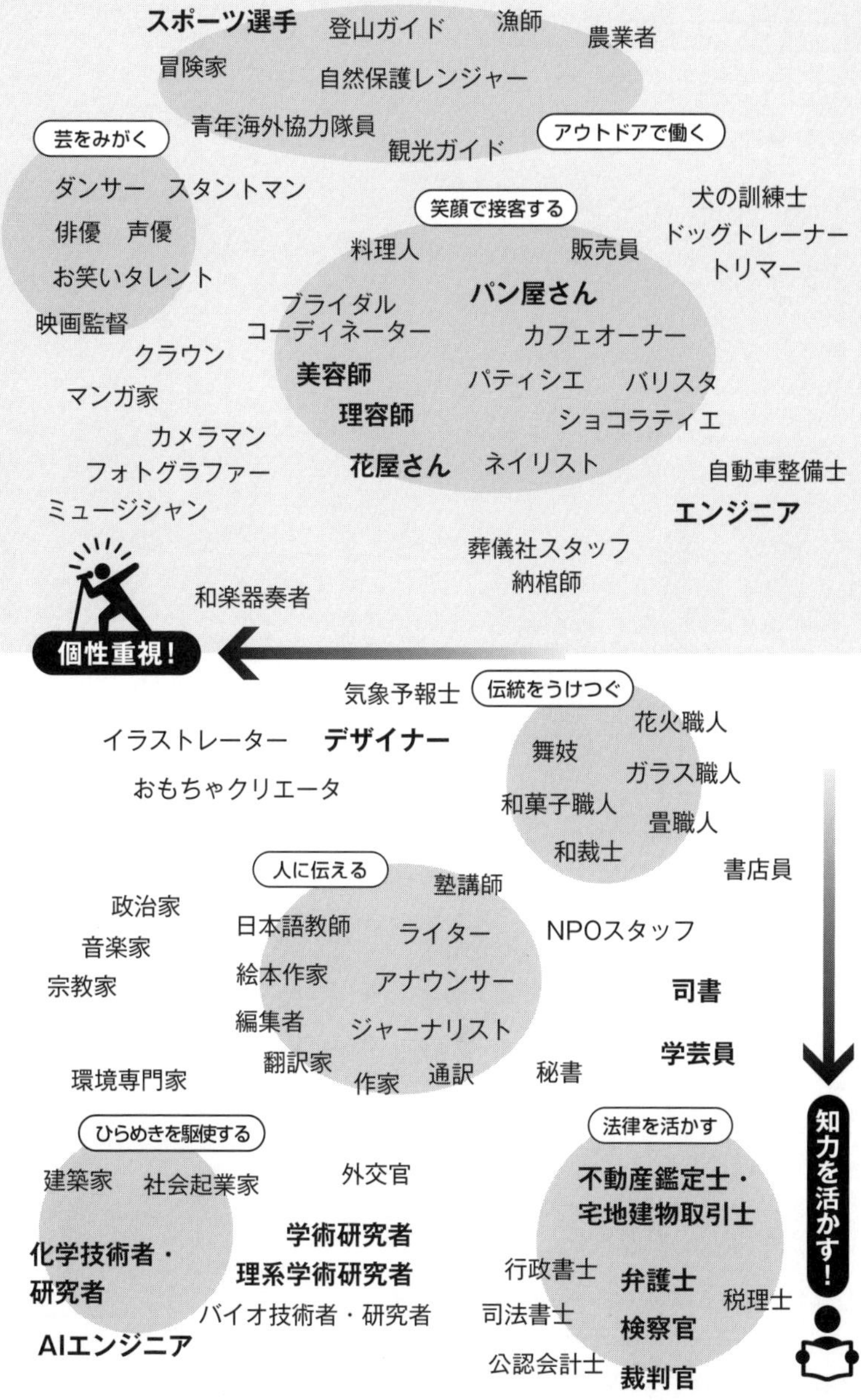
スポーツ選手
登山ガイド
漁師
農業者
冒険家
自然保護レンジャー
青年海外協力隊員
観光ガイド
アウトドアで働く
芸をみがく
ダンサー
スタントマン
俳優
声優
お笑いタレント
映画監督
クラウン
マンガ家
カメラマン
フォトグラファー
ミュージシャン
和楽器奏者
笑顔で接客する
料理人
販売員
パン屋さん
ブライダル
コーディネーター
カフェオーナー
美容師
パティシエ
バリスタ
理容師
ショコラティエ
花屋さん
ネイリスト
犬の訓練士
ドッグトレーナー
トリマー
自動車整備士
エンジニア
葬儀社スタッフ
納棺師
個性重視！
気象予報士
伝統をうけつぐ
花火職人
舞妓
ガラス職人
和菓子職人
畳職人
和裁士
イラストレーター
デザイナー
おもちゃクリエータ
書店員
人に伝える
塾講師
政治家
日本語教師
ライター
NPOスタッフ
音楽家
宗教家
絵本作家
アナウンサー
司書
編集者
ジャーナリスト
学芸員
翻訳家
作家
通訳
秘書
環境専門家
知力を活かす！
ひらめきを駆使する
建築家
社会起業家
外交官
化学技術者・
研究者
学術研究者
理系学術研究者
バイオ技術者・研究者
AIエンジニア
法律を活かす
不動産鑑定士・
宅地建物取引士
行政書士
弁護士
税理士
司法書士
検察官
公認会計士
裁判官

［著者紹介］

京極祥江（きょうごく さちえ）

早稲田大学文学部卒業後、編集プロダクションを経てイカロス出版入社。2000年から2014年まで、航空業界の就職情報誌「月刊エアステージ」の編集を担当。著書に『グランドスタッフになるには』（ぺりかん社）、『エアライン制服図鑑』（イカロス出版）などがある。

客《きゃく》室《しつ》乗《じょう》務《む》員《いん》になるには

2024年1月25日　初版第1刷発行

著　者　京極祥江

発行者　廣嶋武人

発行所　株式会社ぺりかん社

〒113-0033　東京都文京区本郷1-28-36

TEL 03-3814-8515（営業）

03-3814-8732（編集）

http://www.perikansha.co.jp/

印刷所　大盛印刷株式会社

製本所　鶴亀製本株式会社

ISBN978-4-8315-1661-9　Printed in Japan

仕事の実際から
なり方まで解説

なるにはBOOKS

B6判／並製カバー装
平均160頁

130 検察官になるには

最高検察庁協力／
飯島一孝(元毎日新聞社編集委員)著

❶正義の心で捜査する！
❷検察官の世界［検察官とは何だろう？、検察の歴史、組織と仕組み他］
❸なるにはコース［適性と心構え、検事に必要な法曹資格、司法修習］

★★★

132 裁判官になるには

最高裁判所協力／
飯島一孝(元毎日新聞社編集委員)著

❶良心と法律で判断
❷裁判官の世界［裁判とは何だろう？、裁判所と裁判官、裁判官の仕事他］
❸なるにはコース［資質と心構え、法曹資格の取り方、司法修習他］

★★★

48 警察官になるには

宍倉正弘(元(財)全防連広報部長)著

❶市民の生活と安全を守る警察［湾岸警察署、機動捜査隊、交通機動隊他］
❷警察官の世界［警察の歴史、機構、警察官の待遇他］
❸なるにはコース［採用試験、警察学校、警察学校教官に聞く］

☆

88 消防官になるには

益田美樹(ジャーナリスト)著

❶あらゆる危険から人びとを守る！
❷消防官の世界［消防の歴史、消防の組織と仕組み、働く場所と仕事内容、生活と収入、将来性他］
❸なるにはコース［適性と心構え、採用試験、就職、消防学校］

★★★

114 自衛官になるには

岡田真理(フリーライター)著

❶自衛隊の現場
❷自衛官の世界［自衛隊とは、自衛隊の仕事、陸海空それぞれの役割、自衛隊の職種、自衛官の生活と収入他］
❸なるにはコース［適性と心構え、自衛官の採用試験、それぞれの養成学校］

★★★

65 地方公務員になるには

井上繁(元常磐大学教授)編著

❶地域のために
❷地方公務員の世界［地方公務員とは、地方公務員の職場・組織、さまざまな地方公務員、生活と収入、将来］
❸なるにはコース［適性と心構え、試験の概要、就職の実際］

☆

20 国家公務員になるには

井上繁(元常磐大学教授)編著

❶国民全体の奉仕者として
❷国家公務員の世界［国家公務員とは、国家公務員の特殊性、役所の機構と業務、生活と収入他］
❸なるにはコース［適性と心構え、なるための道のり、試験の概要他］

☆

83 国際公務員になるには

横山和子(東洋学園大学特任教授)著

❶世界の平和と安全に取り組む国際公務員
❷国際公務員の世界［日本と国連とのかかわり、国連・国際機関の組織と仕組み、職場と仕事、生活と収入、将来性］
❸なるにはコース［適性と心構え、国際公務員への道のり、なるための準備］

★★★

51 青年海外協力隊員になるには

益田美樹(ジャーナリスト)著

❶自分の技術と経験を活かす青年海外協力隊員
❷青年海外協力隊員の世界［青年海外協力隊とは、青年海外協力隊の歴史、社会的意義と役割、選考と試験他］
❸ほかにもある海外協力［国連組織で働く、民間で行う支援］

★★★

21 弁護士になるには

日本弁護士連合会協力／
飯島一孝(元毎日新聞社編集委員)著

❶市民の事件や紛争を法律で解決！
❷弁護士の世界［弁護士とは何か、働く場所、生活と収入、弁護士のこれから他］
❸なるにはコース［適性と資質、法曹資格の取り方、司法修習、就職他］

★★★

☆☆☆…1600円　★★★…1500円　☆☆…1300円　★★…1270円　☆…1200円　★…1170円(税別価格)

112 臨床検査技師になるには
岩間靖典(フリーライター)著
❶現代医療に欠かせない医療スタッフ
❷臨床検査技師の世界［臨床検査技師とは、歴史、働く場所、臨床検査技師の1日、生活と収入、将来］
❸なるにはコース［適性と心構え、養成校、国家試験、認定資格、就職他］
★★★

13 看護師になるには
川嶋みどり(日本赤十字看護大学客員教授)監修
佐々木幾美・吉田みつ子・西田朋子著
❶患者をケアする
❷看護師の世界［看護師の仕事、歴史、働く場、生活と収入、仕事の将来他］
❸なるにはコース［看護学校での生活、就職の実際］／国家試験の概要］
☆

149 診療放射線技師になるには
笹田久美子(医療ライター)著
❶放射線で検査や治療を行う技師
❷診療放射線技師の世界［診療放射線技師とは、放射線医学とは、診療放射線技師の仕事、生活と収入、これから他］
❸なるにはコース［適性と心構え、養成校をどう選ぶか、国家試験、就職の実際］
★★★

147 助産師になるには
加納尚美(茨城県立医療大学教授)著
❶命の誕生に立ち会うよろこび！
❷助産師の世界［助産師とは、働く場所と仕事内容、連携するほかの仕事、生活と収入、将来性他］
❸なるにはコース［適性と心構え、助産師教育機関、国家資格試験、採用と就職他］
★★★

153 臨床工学技士になるには
岩間靖典(フリーライター)著
❶命を守るエンジニアたち
❷臨床工学技士の世界［臨床工学技士とは、歴史、臨床工学技士が扱う医療機器、働く場所、生活と収入、将来と使命］
❸なるにはコース［適性、心構え、養成校、国家試験、就職、認定資格他］
★★★

152 救急救命士になるには
益田美樹(ジャーナリスト)著
❶救急のプロフェッショナル！
❷救急救命士の世界［救急救命士とは、働く場所と仕事内容、勤務体系、日常生活、収入、将来性他］
❸なるにはコース［なるための道のり／国家資格試験／採用・就職他］
★★★

68 獣医師になるには
井上こみち(ノンフィクション作家)著
❶人と動物の未来を見つめて
❷獣医師の世界［獣医師とは、獣医師の始まり、活躍分野、待遇、収入］
❸なるにはコース［適性と心構え、獣医大学ってどんなところ？、獣医師国家試験、就職と開業］
☆☆☆

58 薬剤師になるには
井手口直子(帝京平成大学教授)編著
❶国民の健康を守る薬の専門家！
❷薬剤師の世界［薬剤師とは、薬剤師の歴史、薬剤師の職場、生活と収入他］
❸なるにはコース［適性と心構え、薬剤師になるための学び方、薬剤師国家試験、就職の実際他］
★★★

90 動物看護師になるには
井上こみち(ノンフィクション作家)著
❶ペットの命を見つめ健康をささえる
❷動物看護師の世界［動物看護師とは、動物看護師の仕事、生活と収入、動物看護師のこれから］
❸なるにはコース［適性と心構え、養成学校で学ぶこと、資格、就職］
☆☆☆

151 バイオ技術者・研究者になるには
堀川晃菜(サイエンスライター)著
❶生物の力を引き出すバイオ技術者たち
❷バイオ技術者・研究者の世界［バイオ研究の歴史、バイオテクノロジーの今昔、研究開発の仕事、生活と収入他］
❸なるにはコース［適性と心構え、学部・大学院での生活、就職の実際他］
☆☆☆

【なるにはBOOKS】ラインナップ 税別価格 1170円〜1700円

❶——パイロット
❷——客室乗務員
❸——ファッションデザイナー
❹——冒険家
❺——美容師・理容師
❻——アナウンサー
❼——マンガ家
❽——船長・機関長
❾——映画監督
❿——通訳者・通訳ガイド
⓫——グラフィックデザイナー
⓬——医師
⓭——看護師
⓮——料理人
⓯——俳優
⓰——保育士
⓱——ジャーナリスト
⓲——エンジニア
⓳——司書
⓴——国家公務員
㉑——弁護士
㉒——工芸家
㉓——外交官
㉔——コンピュータ技術者
㉕——自動車整備士
㉖——鉄道員
㉗——学術研究者(人文・社会科学系)
㉘——公認会計士
㉙——小学校教諭
㉚——音楽家
㉛——フォトグラファー
㉜——建築技術者
㉝——作家
㉞——管理栄養士・栄養士
㉟——販売員・ファッションアドバイザー
㊱——政治家
㊲——環境専門家
㊳——印刷技術者
㊴——美術家
㊵——弁理士
㊶——編集者
㊷——陶芸家
㊸——秘書
㊹——商社マン
㊺——漁師
㊻——農業者
㊼——歯科衛生士・歯科技工士
㊽——警察官
㊾——伝統芸能家
㊿——鍼灸師・マッサージ師
51——青年海外協力隊員
52——広告マン
53——声優
54——スタイリスト
55——不動産鑑定士・宅地建物取引士
56——幼稚園教諭
57——ツアーコンダクター
58——薬剤師
59——インテリアコーディネーター
60——スポーツインストラクター
61——社会福祉士・精神保健福祉士
62——中小企業診断士
63——社会保険労務士
64——旅行業務取扱管理者
65——地方公務員
66——特別支援学校教諭
67——理学療法士
68——獣医師
69——インダストリアルデザイナー
70——グリーンコーディネーター
71——映像技術者
72——棋士
73——自然保護レンジャー
74——力士
75——宗教家
76——CGクリエータ
77——サイエンティスト
78——イベントプロデューサー
79——パン屋さん
80——翻訳家
81——臨床心理士
82——モデル
83——国際公務員
84——日本語教師
85——落語家
86——歯科医師
87——ホテルマン
88——消防官
89——中学校・高校教師
90——動物看護師
91——ドッグトレーナー・犬の訓練士
92——動物園飼育員・水族館飼育員
93——フードコーディネーター
94——シナリオライター・放送作家
95——ソムリエ・バーテンダー
96——お笑いタレント
97——作業療法士
98——通関士
99——杜氏
100——介護福祉士
101——ゲームクリエータ
102——マルチメディアクリエータ
103——ウェブクリエータ
104——花屋さん
105——保健師・養護教諭
106——税理士
107——司法書士
108——行政書士
109——宇宙飛行士
110——学芸員
111——アニメクリエータ
112——臨床検査技師
113——言語聴覚士
114——自衛官
115——ダンサー
116——ジョッキー・調教師
117——プロゴルファー
118——カフェオーナー・カフェスタッフ・バリスタ
119——イラストレーター
120——プロサッカー選手
121——海上保安官
122——競輪選手
123——建築家
124——おもちゃクリエータ
125——音響技術者
126——ロボット技術者
127——ブライダルコーディネーター
128——ミュージシャン
129——ケアマネジャー
130——検察官
131——レーシングドライバー
132——裁判官
133——プロ野球選手
134——パティシエ
135——ライター
136——トリマー
137——ネイリスト
138——社会起業家
139——絵本作家
140——銀行員
141——警備員・セキュリティスタッフ
142——観光ガイド
143——理系学術研究者
144——気象予報士・予報官
145——ビルメンテナンススタッフ
146——義肢装具士
147——助産師
148——グランドスタッフ
149——診療放射線技師
150——視能訓練士
151——バイオ技術者・研究者
152——救急救命士
153——臨床工学技士
154——講談師・浪曲師
155——AIエンジニア
156——アプリケーションエンジニア
157——土木技術者
158——化学技術者・研究者
159——航空宇宙エンジニア
160——医療事務スタッフ
161——航空整備士
162——特殊効果技術者
補巻24 福祉業界で働く
補巻25 教育業界で働く
補巻26 ゲーム業界で働く
補巻27 アニメ業界で働く
補巻28 港で働く
別巻 レポート・論文作成ガイド
別巻 中高生からの防犯
別巻 会社で働く
別巻 大人になる前に知る 老いと死
別巻 中高生の防災ブック
教科と仕事 英語の時間
教科と仕事 国語の時間
教科と仕事 数学の時間
高校調べ 総合学科高校
高校調べ 農業科高校
高校調べ 商業科高校
学部③ 社会学部・観光学部
学部⑤ 工学部
学部⑥ 法学部
学部⑦ 教育学部
学部⑯ 国際学部
学部㉑ 人間科学部
学部㉔ 情報学部
学部㉕ 体育学部・スポーツ科学部
学部㉗ 心理学部
—— 以降続刊 ——

※一部品切・改訂中です。 2023.11.